"十二五"国家重点出版物出版规划项目
地域建筑文化遗产及城市与建筑可持续发展研究丛书

严寒地区村镇新型民居节能设计

Energy-saving Design of New-type Dwellings for Villages and Towns in Severe Cold Regions

金虹　康健　凌薇　邵腾　李新欣　张欣宇　著

哈尔滨工业大学出版社

图书在版编目(CIP)数据

严寒地区村镇新型民居节能设计/金虹等著. —哈尔滨:哈尔滨工业大学出版社,2019.9

(地域建筑文化遗产及城市与建筑可持续发展研究丛书)

ISBN 978-7-5603-5851-2

Ⅰ.①严… Ⅱ.①金… Ⅲ.①寒冷地区-农村住宅-节能设计 Ⅳ.①TU241.4

中国版本图书馆 CIP 数据核字(2016)第 022798 号

严寒地区村镇新型民居节能设计
YANHAN DIQU CUNZHEN XINXING MINJU JIENENG SHEJI

策划编辑	杨 桦
责任编辑	范业婷 王晓丹 孙 迪
封面设计	卞秉利
出版发行	哈尔滨工业大学出版社
社　址	哈尔滨市南岗区复华四道街 10 号　邮编 150006
传　真	0451-86414749
网　址	http://hitpress.hit.edu.cn
印　刷	哈尔滨博奇印刷有限公司
开　本	889mm×1194mm　1/16　印张 8.25　字数 236 千字
版　次	2019 年 9 月第 1 版　2019 年 9 月第 1 次印刷
书　号	ISBN 978-7-5603-5851-2
定　价	65.00 元

(如因印装质量问题影响阅读,我社负责调换)

前 言

我国是农业大国，约 45% 的人生活在农村，目前我国城乡发展不平衡已经成为制约社会和经济均衡发展的重要因素，因此加速推进农村建设、提高农村地区居民的生活水平是一个亟须解决的大问题。相对于南方地区，严寒地区气候寒冷且经济落后，农村的经济技术水平相差更多，农民的居住生活质量不高，尤其在冬季，民居远未达到舒适标准与节能要求。同时由于燃料的缺乏，农民们通常是以降低室内温度的方式来减少建筑的采暖能耗，这进一步降低了民居冬季的热环境质量，从而降低了农民的居住生活水平。

近年来，严寒地区村镇新建民居的规模大幅增加，但建设方式仍为用户自建，缺少专业人员的设计与指导，新建民居在建筑形式、平面布局、围护结构等方面并没有得到根本改善，新建民居能耗大，冬季室内热环境质量较低。可见，迫切需要根据严寒地区村镇特征对民居展开全面的节能研究，为村镇居民提供具有舒适健康的居住空间和室内环境、并且降低采暖能耗的设计。

课题组以村镇民居为研究对象，对严寒地区典型村镇进行了大量调研，调研内容涵盖村镇与庭院环境、建筑平面与空间布局、建筑形式、建筑材料、室内物理环境等，获得大量第一手资料，并在此基础上展开了全面的研究，提出严寒地区新型民居节能设计要点和具体技术措施。

全书共分为 5 章：第 1 章规划布局，包括严寒地区村镇选址要点、严寒地区村镇建筑布局要点、严寒地区村镇新型民居院落设计要点；第 2 章建筑体形与空间，包括村镇民居体形与空间的节能设计方法；第 3 章建筑围护结构，包括围护结构节能途径、外墙保温节能设计、屋顶保温节能设计、地面保温节能设计、门窗保温节能设计；第 4 章案例解析，对作者设计的典型案例进行由浅入深的详细解析，供村镇建筑设计人员与技术人员学习参考；第 5 章新型节能民居设计方案，为严寒地区村镇不同经济条件的农户提供适宜的设计方案。

本书在写作中得到了多方人士的支持，感谢参与调研和设计的哈尔滨工业大学建筑学院研究生梅兰、王皎、陈凯、李明、黄策、易法殊、孟祥奇、麻连东、张连程、刘艺婷、孙睿珩、何勇、马征、吕环宇、韩志慧、周静萱、孙建邦、张仁龙、赵学成、单琪雅、庞宏博、曹婷、方金、王子文、金雨蒙等。调研过程中也得到哈尔滨市城乡规划局、大庆市建设局、扎兰屯市规划局等地方政府部门的帮助和支持，在此表示衷心的感谢。

由于作者水平有限，书中难免存在不足之处，敬请批评指正。

作 者
2019 年 5 月

目　录

第1章　规划布局 1

1.1　影响因素 1
1.1.1　地理条件 1
1.1.2　气候条件 2
1.1.3　经济技术条件 2

1.2　村镇选址 2
1.2.1　冬季防风御寒 2
1.2.2　夏季通风防热 3
1.2.3　充分利用可再生能源 3

1.3　建筑布局 4
1.3.1　合理调控风环境 4
1.3.2　充分争取日照 9

1.4　院落设计 11
1.4.1　布局模式 11
1.4.2　围墙设计 16
1.4.3　绿化配置 18

1.5　规划布局节能设计要点 21

第2章　建筑体形与空间 24

2.1　村镇民居功能解析 24
2.1.1　基本功能组成 24
2.1.2　功能分区基本原则 29

Energy-saving Design of New-type Dwellings for Villages and Towns in Severe Cold Regions

 2.2 建筑体形与空间节能设计方法 30
  2.2.1 减少建筑的散热面 30
  2.2.2 防止冷风的不利影响 38
  2.2.3 充分利用太阳能 39
  2.2.4 合理的热环境分区 43
 2.3 建筑体形与空间节能设计要点 44

第 3 章 建筑围护结构 46
 3.1 概述 46
  3.1.1 围护结构组成 46
  3.1.2 围护结构节能途径 46
  3.1.3 围护结构常用保温材料 47
 3.2 外墙保温节能设计 49
  3.2.1 墙体节能构造概述 50
  3.2.2 EPS 板外保温墙体 52
  3.2.3 植物纤维材料夹心保温墙体 56
  3.2.4 植物纤维材料自保温墙体 60
 3.3 屋顶保温节能设计 65
  3.3.1 坡屋顶保温节能构造 66
  3.3.2 平屋顶保温节能构造 68
 3.4 地面保温节能设计 72
  3.4.1 地面构造 73
  3.4.2 施工步骤 73
 3.5 门窗保温节能设计 73
  3.5.1 门窗节能构造 75
  3.5.2 施工步骤 78
 3.6 建筑围护结构节能设计要点 7*

第 4 章 案例解析 81
 4.1 扎兰屯市卧牛河镇移民新村民居 81
  4.1.1 项目概况 81

  4.1.2 建筑节能设计 ... 84
  4.1.3 建筑性能评估 ... 86
 4.2 大庆市林甸县胜利村草板民居 ... 88
  4.2.1 项目概况 ... 88
  4.2.2 建筑节能设计 ... 91
  4.2.3 建筑性能评估 ... 93
 4.3 哈尔滨市通河县浓河镇富强村新型节能民居 ... 93
  4.3.1 项目概况 ... 93
  4.3.2 建筑节能设计 ... 93
  4.3.3 建筑性能评估 ... 97

第 5 章 新型节能民居设计方案 ... 99
 5.1 经济适用型 ... 99
  5.1.1 案例一 ... 99
  5.1.2 案例二 ... 99
  5.1.3 案例三 ... 100
  5.1.4 案例四 ... 100
  5.1.5 案例五 ... 101
 5.2 康居舒适型 ... 110
  5.2.1 案例六 ... 110
  5.2.2 案例七 ... 111
  5.2.3 案例八 ... 119

参考文献 ... 123

第 1 章 规划布局

基地环境与条件以及建筑布局等均将影响建筑的能耗。本章首先简要分析规划布局对建筑节能的影响，其次对严寒地区村镇选址、建筑布局、民居院落设计进行解析，给出有利于建筑节能的严寒地区村镇民居院落设计策略，包括庭院布局、院落围墙设计及绿化配置等。

1.1 影响因素

我国幅员辽阔，村镇量大且分布广泛，在长期的发展演变过程中，不同地区村镇依其地理条件、气候条件、经济技术、农民生活习惯和文化风俗等，形成了独特的村落空间格局及建筑风格，其主要影响因素如图 1.1 所示。

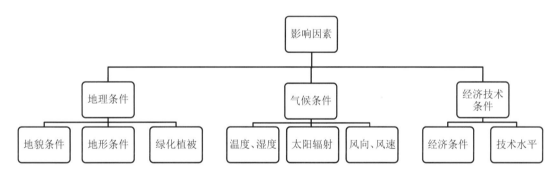

图 1.1 村镇规划的主要影响因素

1.1.1 地理条件

地理条件主要包括地形、地貌、绿化植被、自然资源等，这些要素也是影响村镇规划的重要因素。地形、地貌条件对村庄选址、平面布局和空间结构均产生重要的影响，如村庄选址时，不宜选在山谷、沟底等凹地里，这种地形条件会积聚大量的冷空气，对建筑节能产生不利影响。进行丘陵地区的村庄规划时，不同的地形高差处理方式会创造出独特的村庄空间形态和建筑布局模式。在设计时充分考虑不同区域的地形地貌，不仅可以合理利用自然资源，还可以削弱建筑运行中对周围环境的破坏。此外，绿化植被对建筑节能也会产生一定的影响，选址与规划布局时应考虑周边环境中是否有影响该区域微气候环境的树种，是否有树木再植的余地和有利于改善微气候的植物等。总之，历经千百年的发展，村庄遵循"天人合一"的思想，顺应地形、地貌的变化，形成了丰富多样、各具特色的村庄形态[1]。

1.1.2 气候条件

气候条件主要包括温度、湿度、太阳辐射、风向、风速和降水等气候要素，是村庄规划布局时应考虑的重要因素之一。我国幅员辽阔，地理纬度跨越大，以累年最冷月（1月）和最热月（7月）平均温度作为主要指标，以累年日平均温度低于 5 ℃和高于 25 ℃的天数作为辅助指标，全国划分为严寒地区、寒冷地区、夏热冬冷地区、夏热冬暖地区和温和地区 5 个气候区[2]，各区域的气候条件差异较大，村庄规划也因气候因素而有所不同。其中，严寒地区冬季寒冷漫长，极端最低气温普遍低于 -35 ℃，采暖期（年日平均温度低于 5 ℃的天数）在 145 天以上，昼短夜长，日照时间短，太阳入射高度角偏低，并伴有大量降雪；夏季凉爽短促，平均气温低于 25 ℃，相对湿度大于 50%。因此，其规划布局设计时应以保温御寒为主，充分利用村庄自身的空间形态来抵御寒冷气候的影响，从而形成平面结构紧凑、庭院空间相对封闭的空间形式；而夏季炎热的地区则以通风降温为主，村庄空间结构分散、庭院空间通透。

1.1.3 经济技术条件

经济技术条件是严寒地区村镇建设的物质基础和技术手段，是村镇规划、建筑、景观等由图纸付诸实践的根本保证，决定了设计方案的可实施性。村镇民居多为村镇居民自筹自建，经济因素和技术条件始终是建设过程中所关注的焦点。传统村落建设时，往往仅考虑投资成本的高低，而忽略了运行过程中能耗降低所节约的费用，因此设计应从全寿命周期的角度考虑，采用使建筑物建造费用和运行费用的综合成本达到最低的生态技术措施。此外，村镇新型民居技术措施还应本着因地制宜和就地取材的原则，满足现有的设备设施条件，采用与当地经济水平及施工技术相符的建造方法和技术，使村镇新型民居具有可操作性。

1.2 村镇选址

在农村建设过程中，会出现一些村庄整体迁移的现象，在这个过程中所要解决的问题就是村庄选址问题，科学合理地选址会直接影响到建筑节能的系统设计。村镇选址应在满足安全性与功能性的基础上，充分考虑当地的气候条件，减少自然环境对村庄及建筑带来的不利影响，并应充分利用太阳能等可再生能源。

1.2.1 冬季防风御寒

防风御寒是严寒地区建筑节能设计的首要条件，严寒地区冬季寒冷漫长、寒风凛冽，不但影响居民户外活动的舒适度，而且冷风渗透也会对建筑能耗及室内热环境产生不利影响。因此，防风御寒对于改善村镇住区冬季微气候环境，降低冬季采暖能耗具有重要作用。

（1）选址应避开或降低严寒地区冬季冷风的侵袭，如图 1.2 所示，不宜选择建造在风口或窝风地段，如不避风的高地、河谷、山梁及崖边等，避免产生不利的影响。同时应充分考虑当地冬季主导风向的影响，选择主导风向迎风一侧具有一定遮挡或可种植防风林带的区域，从而减小冷风对村镇建筑的影响。

（2）选址不宜位于山谷、洼地及沟地等中间地势低而周边地势高的凹地区域。如图 1.3 所示，

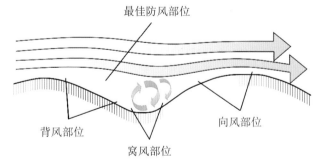

图 1.2 不同部位的风环境状况

冬季冷空气下沉并且会滞留在凹地中，造成气温低于地面上的空气温度，形成对建筑物不利的"霜洞"效应。在这种区域进行民居建设时，位于凹地的建筑为了保持室内温度舒适，所消耗的能量就会相应增加，从而导致冬季采暖能耗的增加。

（3）避免冬季雪堆积，如果地形中存在处理不当的"沟槽"，在冬季容易产生积雪，雪在融化过程中将带走大量热量，造成建筑周围的环境温度有所降低，导致围护结构的保温负担增加，不利于建筑节能。

1.2.2 夏季通风防热

对于严寒地区而言，完善的建筑节能设计应在考虑冬季防风御寒的同时，兼顾夏季通风防热，有效地利用自然条件来达到自然通风与遮阳的目的，以改善住区夏季微气候环境，减少夏季制冷能耗。

（1）选址宜位于夏季自然通风良好的地段，如图1.2中的向风部位，避免位于窝风或背风地段。对于冬、夏两季主导风向相反的地区，这与冬季防风并不矛盾，冬季的背风地段恰是夏季的向风地段；对于冬、夏两季主导风向相近的区域，应进行合理的权衡判断。

（2）利用地形、地貌或绿化植物来达到遮阳降温的效果，如在山坡、突兀的丘陵或林区建造房屋，自然的地貌或树木可以形成一定的遮阳，有利于降低微气候环境的温度。

1.2.3 充分利用可再生能源

太阳能是一种洁净、无穷无尽的可再生能源，充分利用太阳能有利于节约常规能源，是建筑节能最经济、合理的设计方法。

（1）选址时应考虑充分利用太阳能，根据当地的地理气候条件，使建筑群体处于最佳的朝向范围之内。同时注意周边建筑物、构筑物或绿化植被是否对基地产生遮挡，尽量避免建筑周边环境中有高大的物体影响建筑物的日照。

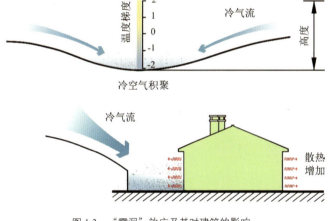

图1.3 "霜洞"效应及其对建筑的影响

（2）选址宜位于地势平坦的开阔区域或向阳的坡地（图1.4），以争取获得最大化的日照或利用地势的高低错落来提高太阳能的利用率，为村镇民居的建筑节能设计提供有利的先决条件。

综上所述，基地选址应统筹考虑冬季防风御寒、夏季通风防热及可再生能源的利用，当三者出现矛盾时，应根据当地的气候特点、风俗习惯、生产生活方式等确定主要的设计原则，选择最佳的村落建设地点。结合课题组设计的

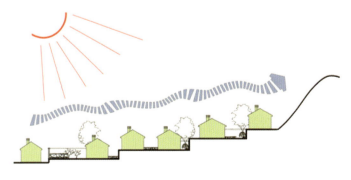

图1.4 充分利用日照

内蒙古扎兰屯岭航新村案例进行综合分析，如图1.5所示，该地区冬季主导风向为西北风，夏季主导风向为偏南风，两者并不产生矛盾，因此，该村落选址时位于缓坡的南侧，山坡能够有效地阻挡冬季冷风的侵袭，同时不影响夏季的通风；民居建设在开阔的空地区域，避免了"霜洞"效应，且能够获取充足的日照；建筑布局以行列式为主，结合少量散点式，顺应山坡走势布置，山坡成为村落的天然屏障。总体来看，村镇选址与自然环境的关系达到了和谐统一，有利于形成良好的微气候环境。

图1.5　内蒙古扎兰屯岭航新村

1.3　建筑布局

建筑布局的节能设计主要体现在挡风引风和日照利用两个方面，力求通过合理的布局模式，达到冬季挡风、夏季引风及日照利用最大化，以降低建筑能耗。

1.3.1　合理调控风环境

建筑布局不当会造成局部范围内的冬季冷风加剧，如角隅风、狭道风等，这不仅会增加围护结构的冷风渗透，造成室内采暖负荷增大，还会给行人带来一定的危险，可从以下三个方面进行风环境的调控。

（1）优化布局模式。

村镇建筑布局模式对风环境的分布具有较大的影响，设计时应选择适宜的村镇布局模式，以营造舒适健康的微气候环境。通常建筑群的平面布局有四种典型的模式（图1.6）：行列式、围合式、散点式和复合式。

①行列式布局模式下（图1.6（a）），各建筑之间空隙较大，且规律性较强，气流在通过建筑间空隙时具有较强的规律性。这使得村镇内部的风环境稳定均匀且具有较高的风速值，在夏季能够提供良好的通风性，但考虑到冬季冷风渗透的影响，可在村镇布局朝向上加以调节，建筑群内部流场因风向投射角不同而有很大变化，或采取斜列式布置方式，使建筑边缘与主导风向平行以避开不利风向。

②围合式布局（1.6（b））虽然既能使院落形成较为私密的空间，同时又能够避开冬季寒流的影响，但对于庭

院的夏季通风极为不利。

③散点式布局模式（图1.6（c））的村镇受自然地势、地貌影响较大，平面肌理松散、规律性差。由于单体建筑的挡风面较小，比较有利于夏季通风，但冬季挡风的效果不佳，且建筑之间的相对关系较弱，导致气流走向紊乱，室外风环境的稳定性、可控性差。研究表明，散点式和围合式布局方式无论处于何种朝向，其风环境的改善效果均不佳，散点式由于其布局特点，每种风向下的风环境相差不大，围合式则仅道路上的风环境改善较大，院落内部的通风效果不佳。

④复合式布局模式下（图1.6（d）），由于布局模式兼顾行列式与围合式两种形态，使得内部风环境分布较为适中，相对于行列式而言，其风速值总体较低，而较散点式和围合式布局模式，其内部气流的通过性较强。在实际应用时，应该处理好围合部分与开敞部分的相对位置关系，可将围合部分布置于迎风向风速值较大的区域，公共活动空间等开阔场地设置在村镇内部及下风向区域，这样既能阻止冬季冷风的侵袭，又能保证夏季的自然通风。研究表明，行列式和复合式布局方式虽然不是在所有风向角下都能保持最佳的风环境，但是可以通过建筑朝向的改变来改善村镇内部风环境状况。

此外，山墙间距的大小也对气流起到一定的控制作用，如图1.7所示，当气流垂直吹向建筑布局长轴方向时，进入村镇内部的气流强度和流量就取决于山墙的间距，山墙间距越大，两山墙之间的"狭管效应"越弱，可有效减缓进入其内部的气流强度；山墙间距过小，会造成此处风速过大，而且也不能满足消防、绿化和道路交通的需要。

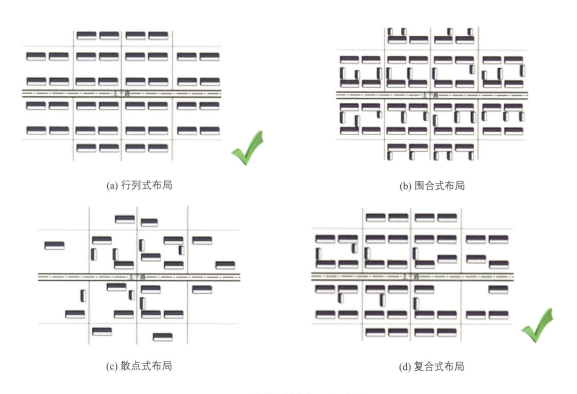

(a) 行列式布局

(b) 围合式布局

(c) 散点式布局

(d) 复合式布局

图1.6 严寒地区村镇典型布局模式

根据风环境分析结果，综合考虑到严寒地区村镇居民的生活习惯，四种布局模式中行列式与复合式布局在村镇风环境调节方面具有一定的优势。在规划设计中应充分发挥行列式布局模式的客观优势，同时还需兼顾到居民精神文化和公共空间的需求，局部可适当采用散点式或围合式的布局，形成复合式的布局模式，以寻求形式的变化或适应地形条件，打破空间上单调呆板的感觉，创造出富有变化的村落空间。

（2）选择适宜朝向。

相同建筑布局模式、不同布局朝向下的风环境状况差别很大，在村镇住区布局规划上，应该选择合理的布局朝向。研究表明，当风垂直吹向建筑群体（即风向角为0°）时，由于前排建筑会对后侧建筑起到一定的遮挡作用，非常有利于冬季的防风，虽然会在背风面形成旋涡区，但是速度比较低，风速比一般小于0.5，不会对室外环境产

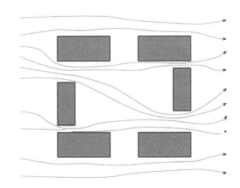

图1.7 不同山墙间距的风环境示意图

生过大的影响，由于后排建筑被完全浸没在风影区内，因此对民居的夏季自然通风会产生一定影响；当风向角在0°~90°之间时，这种情况有所改善，前排建筑背后的旋涡区宽度减少，且有部分气流从住区侧面进入内部，尤其在风向角为30°~60°时，村镇总体的风环境处于较佳的状态。由表1.1可知，风向角在0°~60°变化时，风速降低了50%，建筑背后形成的风影区深度减小，在满足日照要求的前提下，有利于缩短建筑间距，提高土地利用率，虽然对建筑内部的通风效果有所影响，但是针对严寒地区以冬季防风为主的气候特点而言是比较适宜的布局角度；当气流沿村镇长轴方向吹向建筑群体时（即风向为90°），由于建筑山墙朝向来流，对气流的阻挡大幅度降低，大量的气流穿越整个住区，虽然有利于夏季通风，但是对村镇整体的冬季室外风环境产生恶劣影响。

表1.1 风向角对屋后风影区的影响

风向角 / (°)	风速降低值 / %	屋后风影区深度
0	0	3.75H
30	13	3H
45	30	1.5H
60	50	1.5H

注：H为房屋高度

因此，村镇布局朝向设计时应避免风向角为0°和90°两种极端情况（图1.8），使建筑朝向与风向成一定的角度，如图1.9所示。

（3）建立防风屏障。

防风屏障设计是指在冬季风环境设计中采用防风墙、防风板或防风带等挡风措施，以阻挡冬季寒冷气流的入侵。结合村镇住区的整体规划，进行合理的防风屏障设置可以弥补设计中的一些不足之处，以合理地组织气流，减少建筑热损失，对于冬季防风具有重要作用。

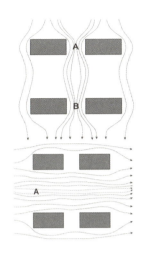
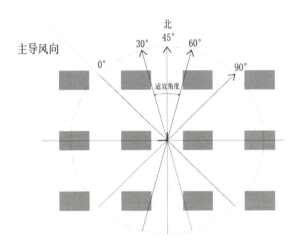

图 1.8　风向角为 0° 和 90° 时的风环境　　　　　　　图 1.9　适宜的村镇布局朝向

① 实体防风屏障。

实体防风屏障的类型主要有防风墙、防风板、防风网等，如图 1.10 所示，将其设置在村镇住区的冬季主导风向上，能够有效地阻挡冷风的侵袭，为居民的生产生活及户外活动提供一个安全舒适的空间。防风墙不宜砌筑过高，主要对低层区域的风环境起到一定的控制和调节作用，防风板和防风网的高度可相应提高，扩大对风环境的调节范围。

(a) 防风墙　　　　　　　　　　　(b) 防风板　　　　　　　　　　　(c) 防风网

图 1.10　实体防风屏障（图片源自网络）

② 植物防风屏障。

植物防风屏障的作用是指植物对气流的阻碍作用，其最主要的表现就是通过绿化的摩擦作用降低气流速度，并且改变风速廓线的分布。在设计时可根据不同植物的特性，通过合理的绿化配置来调节或改善室外风环境。

a. 在村镇住区的冬季主导风向迎风一侧，应种植枝叶茂密的耐寒常绿乔木作为防风林带（图 1.11）。普通防风林的有效防风范围可达树木高度的 25 ~ 30 倍，其中在树木高度 3 ~ 5 倍的距离范围内具有最佳防风效果，风速可降低 35% 左右[3]。

Energy-saving Design of New-type Dwellings for Villages and Towns in Severe Cold Regions

(a)   (b)

图 1.11　村镇主导风向上的防风林带布置

b. 在局部风口区域可以通过多层次的植物配置，逐步降低寒冷气流到达建筑的风速和压强，如依次设置乔木、灌木、草地等，使组团内的风环境更加均匀和缓，从而降低建筑因冷风渗透导致的热损耗（图 1.12）。

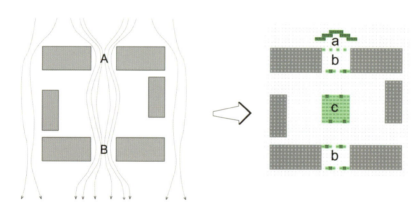

图 1.12　多层次的绿化布置

c. 在村镇中心活动场地等居民频繁活动区域的冬季主导风向迎风一侧，应合理种植绿化带，以有效地引导气流，为公共空间内部抵御寒风，使行人获得更舒适的室外环境（图 1.13）。

③ 建筑防风屏障。

建筑防风屏障是指通过在冬季主导风向迎风一侧布置建筑来达到防风的目的。在村镇建筑布局时，尤其行列式的建筑布局模式，如果不对其做自身的变化设计，可以在冬季主导风向迎风一侧设置村委会、活动中心、商店等公共建筑或将院落中的仓房布置在迎风一侧，使其对住区或院落内部能够形成较强的遮挡作用，进而减弱冬季寒风的侵扰，使住区内部空间保持较低的风速值（图 1.14）。

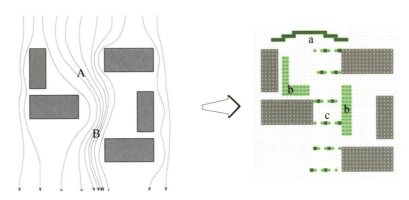

图 1.13 在中心区域的上风向布置绿化带

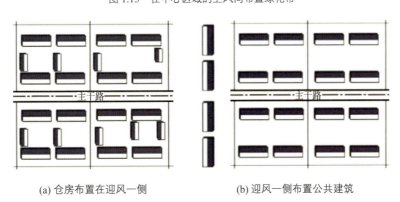

(a) 仓房布置在迎风一侧　　(b) 迎风一侧布置公共建筑

图 1.14 主导风向迎风一侧形成建筑防风屏障

此外，在以冬季防风为主的条件下，也要考虑夏季的通风问题，严寒地区多数冬、夏两季主导风向相反，两者矛盾并不突出，但当冬、夏两季主导风向基本相同时，应考虑协调两者的矛盾，如哈尔滨地区常年盛行南风与西南风，考虑到同一朝向要兼顾冬季防风与夏季通风，在规划布局时，不宜全封闭南向或西南向，应通过对开口朝向、尺度及位置的合理选择和控制，在冬季阻挡寒冷气流的同时又不对夏季的通风产生过大的影响。

1.3.2　充分争取日照

传统民居多为独栋式单层建筑且独户独院，建筑间距较大，基本不存在日照遮挡问题，但在新型村镇规划布局时，逐渐涌现出多层民居。为了争取更多的日照，在满足朝向及日照间距的基础上，可采取适宜的设计措施。

（1）错列式布局。

在传统行列式布局的基础上，将建筑错列布置，不但能够提高建筑密度，节约土地，而且可利用建筑物山墙的间隙获取更多的日照（图 1.15）。

（2）点、条式布局。

点式民居具有占地少、布置灵活的特点，采用点、条式结合布置的形式，可以显著提高土地的利用率，而且对住区的空间环境组织也十分有利。将点式民居布置在朝向较好位置，条状民居布置其后，有利于利用建筑之间的空隙争取充分的日照（图 1.16）。

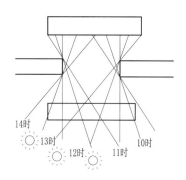

图 1.15　错列式布局模式

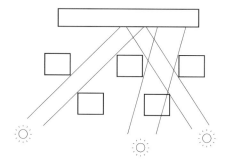

图 1.16　点、条式布局模式

（3）周边式布局。

在严寒地区，可通过利用东西向民居围合成封闭或半封闭的周边式布局模式，以扩大南北向的民居间距，有利于节能节地（图 1.17）。

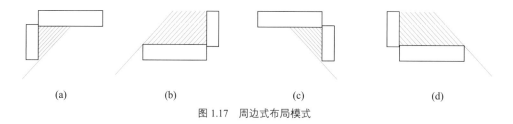

图 1.17　周边式布局模式

（4）合理搭配植物。

合理的植物配置应使建筑周围的绿化既能在夏季遮阴，又避免在冬季遮阳，例如在建筑南侧种植落叶乔木，虽然在夏季可以起到良好的遮阳作用，但是冬季剩余的枝干也会遮挡 30%～60% 的阳光。因此，建筑南侧植被的高度应控制在太阳能采集边线的高度以下[4]（图 1.18）。

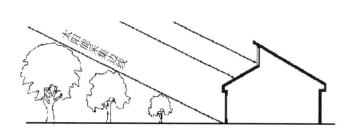

图 1.18　冬季太阳能采集边线[4]

1.4 院落设计

"院落"是指四周有房屋或墙垣围绕，自成一统的露天空间。"院"是"四周有围墙的空地"，"落"是"人聚集的地方"[5]。院落格局和功能设计上，应布局紧凑，功能分区合理，空间利用充分，适应严寒地区农民的生产与生活需求。从节能的角度考虑，在总体布局确定之后，院落的节能设计应主要从冬季避风、夏季通风、充分利用日照等方面入手，对庭院采取适宜、科学的方法进行设计。

1.4.1 布局模式

院落布局模式对于风环境的调节和控制具有直接的影响，通常院落中的主要建筑包括主房、厢房和仓房等，根据院落中主房的位置和围合程度可以将院落分为不同的布局模式。

根据院落中主房的位置，院落的布局模式可分为前院式（南侧院落）、后院式（北侧院落）和前后院式。依据《建筑气候区划标准》[2]（GB 50178—93）中严寒地区城镇冬、夏两季的主导风向统计可知（图1.19），冬季以西－北向范围为主，夏季以西南－南向范围为主。

因此，本节以冬季主导风向为西北风、夏季主导风向为西南风的地区为例进行分析及设计研究，采用FLUENT流体分析软件对不同布局模式下的风环境进行模拟分析，根据主房位置分类的院落布局模式示意图及风速分布图见表1.2。

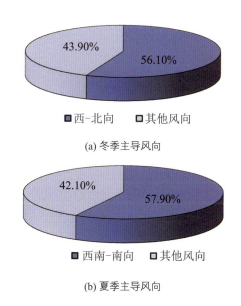

(a) 冬季主导风向

(b) 夏季主导风向

图1.19 严寒地区城镇冬、夏两季主导风向分析图

表 1.2 根据主房位置分类的院落布局模式及风速分布图

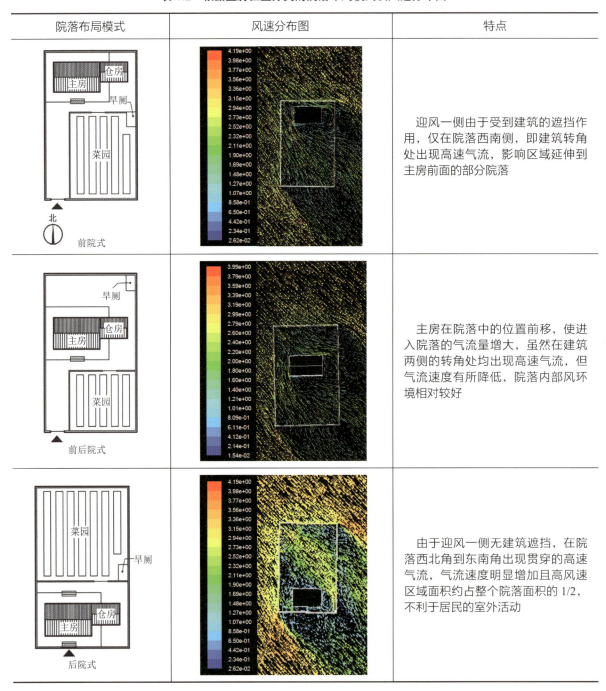

根据院落中建筑的围合程度，布局模式可分为"一"字形、"L"字形、"U"字形和"回"字形。院落布局模式及风速分布图见表 1.3。

表 1.3　根据围合程度分类的院落布局模式及风速分布图

院落布局模式	风速分布图	特点
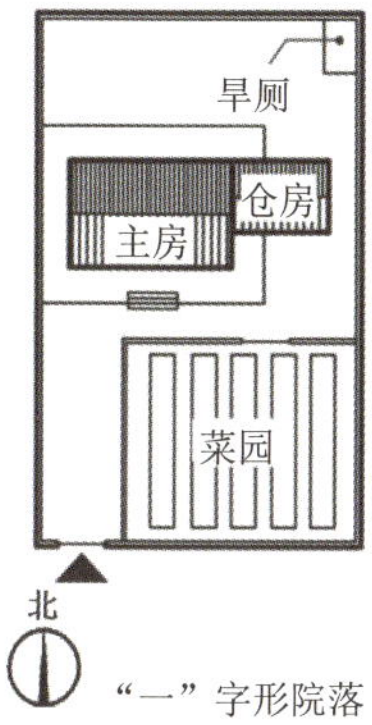 "一"字形院落	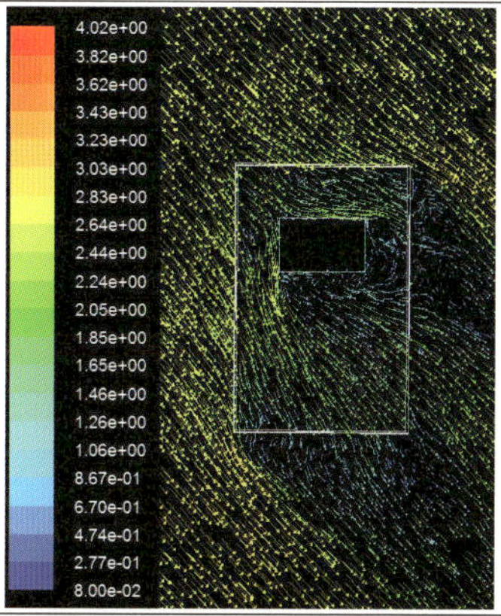	由于角隅风的作用，在建筑西侧山墙形成一条高速风带且直接影响到主房前面的整个院落，在建筑前部和东侧山墙出现低速涡流
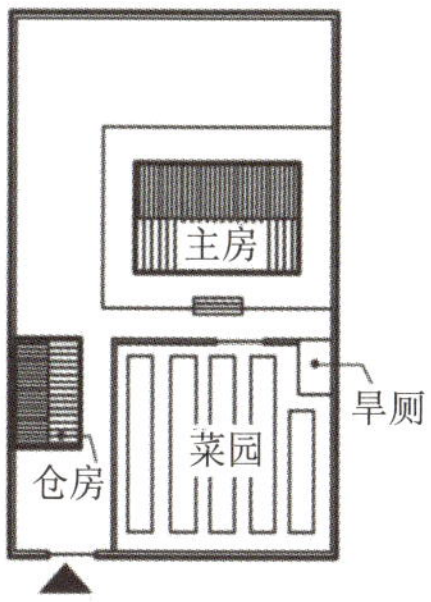 "L"字形院落	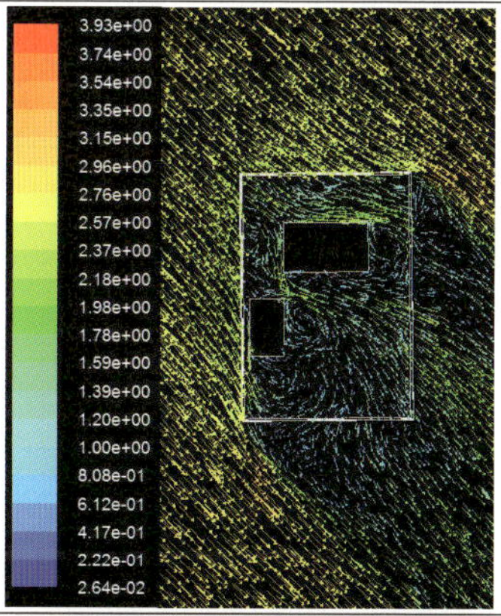	由于受到左侧仓房的阻挡，只在建筑迎风面转角处出现高速气流，且有少量气流进入院落内部，同时在建筑背风面出现低速涡流
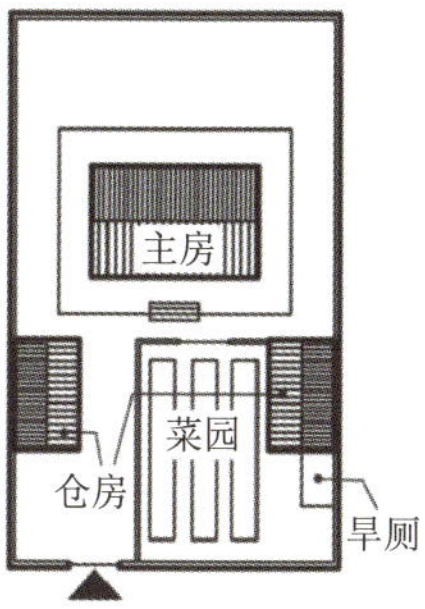 "U"字形院落	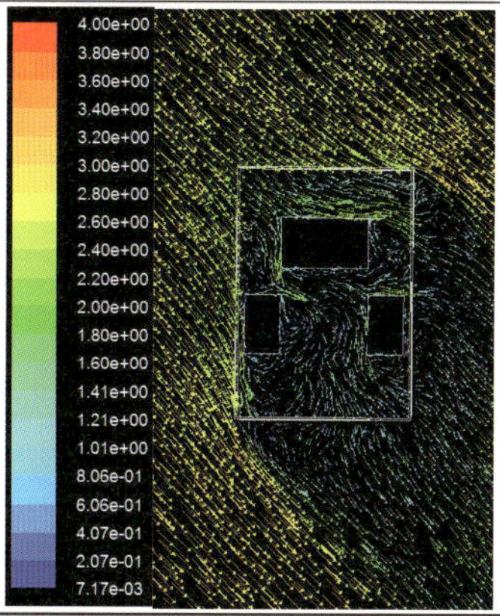	由于围合程度的增加，进入院落内的高速气流逐渐消失，院落内风速的衰减强度增大，但有涡流出现的趋势

第 1 章　规划布局　13

续表1.3

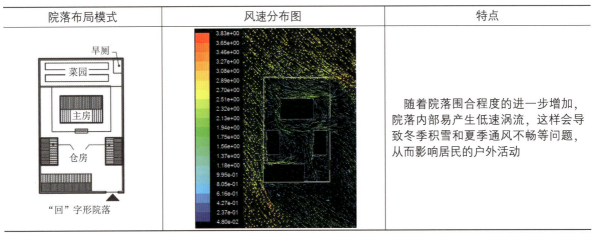

院落布局模式	风速分布图	特点
"回"字形院落		随着院落围合程度的进一步增加，院落内部易产生低速涡流，这样会导致冬季积雪和夏季通风不畅等问题，从而影响居民的户外活动

* 在村镇院落布局设计时，应结合严寒地区的气候特征及院落在整个村落中的位置、使用特点等实际情况，采取适宜的技术措施

（1）由表1.3可知，从房屋在院落中所处的位置考虑，院落宜采用前后院的布局方式，此时院落内部能够形成较好的风环境且风影区面积相对较大，有利于降低冬季冷风对建筑及室外环境的影响。但在实际设计时，由于受到村落整体规划、传统生活习惯、设计标准规范等因素的制约，部分院落在设计时会受到一定的限制。

① 多数村民喜爱在院落内种植蔬菜、粮食等经济作物，因此希望南侧有较大的院落，以获得充足的阳光，建议将房屋布置在院落的北侧，形成前院式的布局模式。在设计时，可在院落迎风一侧加建房屋作为仓房、农机库等，形成"L"字形的布局模式或种植果树等绿化植物（图1.20）。

② 为了保证村容整洁、整齐划一，村镇整体规划时，位于主干路两侧的院落通常将建筑临近主干路布置，形成后院式的布局模式，此时尤其是东西主干道两侧即南北朝向院落的风环境较差，不利于居民的室外活动和建筑的节能。在设计时，可将仓房、牲畜棚、旱厕等附属建筑布置在院落迎风一侧，对气流起到一定的遮挡作用，或增设常绿植物（图1.21）。

（2）由表1.3可知，从建筑围合程度的角度考虑，院落宜选择"L"字形和"U"字形布局模式，通过建筑的围合对冬季院落风环境进行控制，但围合程度也不宜过高，否则容易使院落内部产生低速涡流，导致冬季积雪和夏季通风不畅等问题；迎风一侧的围墙与建筑的垂直间距宜控制在10 m以内，避免冬季迎风一侧的院落形成明显的高速风带。对于全年风速不高的地区，也可以适当选择"一"字形布局模式，使夏季院落及建筑能形成良好的通风。

（3）对于村镇既有院落的改造设计，应根据目前院落中存在的主要问题进行有针对性的改善。如果房屋在院落中所处的位置不当，可通过加建亭廊等构筑物或增设绿化植物的方式进行改善；建筑布局不当导致的问题，可采用增建房屋或拆除废弃房屋（或构筑物）、合理布置柴垛或粮垛等方法来解决。如图1.22所示，既有院落为"L"字形的前后院布局模式，但其院落形状为长条形且规模较大，左侧的仓房并不能对前院的风环境起到有效的控制作用。因此，可采取加建仓房的方式将院落分隔成规模较小的两个矩形院落，以形成良好的风环境。

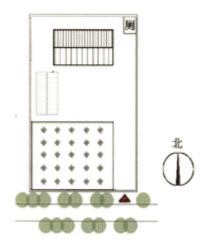

图 1.20 前院式布局优化设计

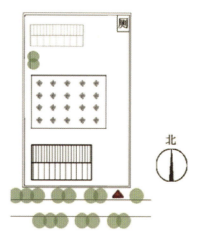

图 1.21 后院式布局优化设计

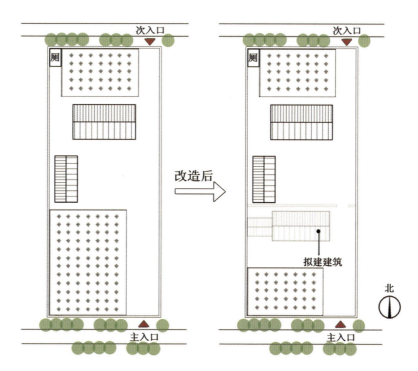

图 1.22 既有院落的改造设计

1.4.2 围墙设计

围墙是用来围合或划分某一区域的竖向空间隔断结构，严寒地区村镇传统民居一般由院墙和建筑围合而成，其主要作用是防御、分割空间、遮挡视线及组织院落空间变化等。从环境改善及建筑节能的角度考虑，围墙对院落的风环境还起到一定的调控作用，冬季可有效地阻挡冷风侵袭。如图1.23所示，在院落的迎风一侧，气流在流动过程中遇到围墙后会发生分离，一部分受到围墙的阻挡改变方向产生回流，另一部分越过围墙侵入院落内部，在围墙背风一侧形成涡流区，有效地降低了进入院落内部的气流量且降低了流速。

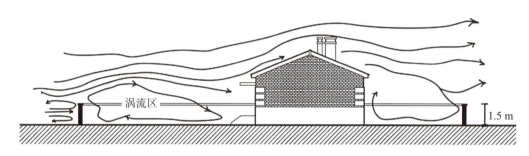

图 1.23　围墙对气流阻挡作用示意图

围墙的材质通常为石材、格栅、铁艺、砖等（表1.4），对于严寒地区中冬季风速较高的地区或位于村镇进风口等高风速区域的院落，建议选择砖、石等密实型的材质作为院落围墙，其高度宜设置在1.5~1.8 m之间（图1.24），这样既能保证围墙具有良好的挡风效果，同时也避免了围墙可能遮挡视线及采光的问题；对于冬季风速不高的地区或位于村镇内部及出风口等低风速区域的院落，可使围墙高度适当降低以兼顾夏季通风，但不宜低于1.2 m，或整体采用木（铁皮）栅栏等透空率稍大的围墙形式，其高度建议在1.2~1.5 m。如果某地区的冬、夏两季主导风向相反，也可只在夏季主导风向迎风一侧采用木栅栏、铁艺等透空率较高的围墙形式，其余部分的围墙采用砖、石等密实型材质，能兼顾冬季防风和夏季通风。

表 1.4　不同材质围墙示意图

名称	石材围墙	格栅围墙	铁艺围墙	砖围墙
示例				

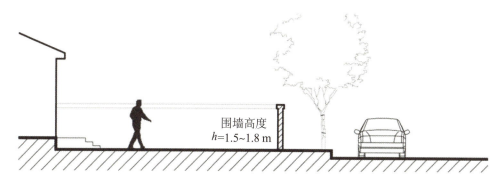

图 1.24 院落围墙高度示意图

在满足围墙功能需求的基础之上，还应综合考虑经济性和美观性的因素，表 1.5 列出了不同类型的围墙示意图及主要特点和材质，设计时可根据村镇的实际情况选用。

表 1.5 不同类型围墙及主要特点和材质示意图

围墙示意图	主要特点
	密实型墙体，挡风效果较好，适用于全年风速较高或冬季防风为主的院落。墙身采用砖砌筑，大门采用铁艺材料，可就地取材，也可工厂预制
	密实型墙体，选用天然石材作为主要材料，这类墙体主要根据当地的资源环境特点来定
	半密实型墙体，利用砖与铁艺作为主要材料，采用虚实结合的方式，底部为厚重的砖墙，上部为通透的铁艺栏杆，并配以攀爬类植物，可以兼顾冬、夏两季的风环境

续表 1.5

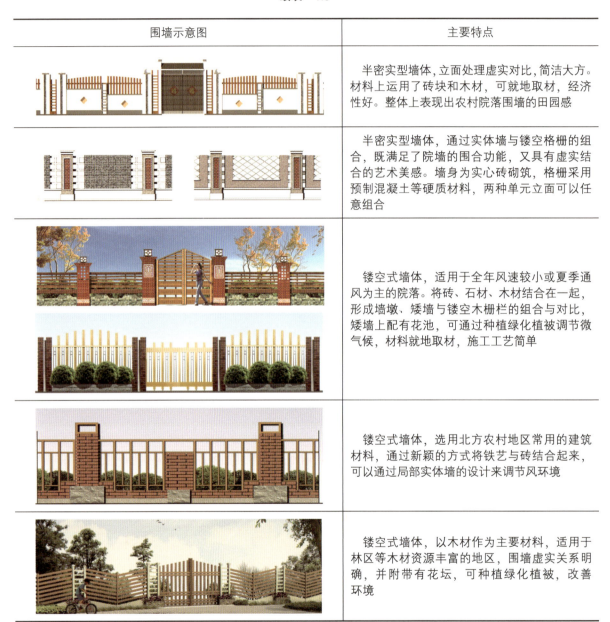

围墙示意图	主要特点
	半密实型墙体，立面处理虚实对比，简洁大方。材料上运用了砖块和木材，可就地取材，经济性好。整体上表现出农村院落围墙的田园感
	半密实型墙体，通过实体墙与镂空格栅的组合，既满足了院墙的围合功能，又具有虚实结合的艺术美感。墙身为实心砖砌筑，格栅采用预制混凝土等硬质材料，两种单元立面可以任意组合
	镂空式墙体，适用于全年风速较小或夏季通风为主的院落。将砖、石材、木材结合在一起，形成墙墩、矮墙与镂空木栅栏的组合与对比，矮墙上配有花池，可通过种植绿化植被调节微气候，材料就地取材，施工工艺简单
	镂空式墙体，选用北方农村地区常用的建筑材料，通过新颖的方式将铁艺与砖结合起来，可以通过局部实体墙的设计来调节风环境
	镂空式墙体，以木材作为主要材料，适用于林区等木材资源丰富的地区，围墙虚实关系明确，并附带有花坛，可种植绿化植被，改善环境

1.4.3 绿化配置

由于严寒地区村镇民居院落兼有生产功能，除在菜园内种植蔬菜等经济作物和院落中种植少量果树之外，村镇居民并不希望在院落内种植高大的绿化植被，主要是由于其会对经济作物或果树的生长产生不利影响，同时对建筑采光可能产生遮挡。因此，在进行院落的绿化配置时，必须充分利用有限的院落空间，采用乔木、灌木、草等不同类型的绿化复合配置，形成多层次的立体绿化形式，营造适宜的院落绿化环境，如图 1.25 所示。

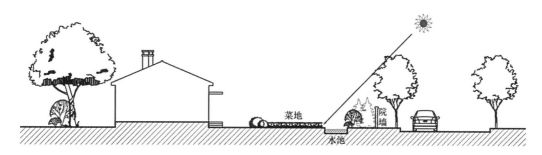

图 1.25　多层次的院落绿化配置

本书在对严寒地区村镇常见的绿化树种调查和研究的基础上，提出了民居院落不同区域的绿化配置模式，院落树种配置见表 1.6，不同区域的绿化配置示意图如图 1.26 所示。

表 1.6　院落树种配置

位置	树种配置模式	树种举例
院前	果树/观花乔木+小灌木/花卉	国槐+丁香/刺梅
院前	果树/观花乔木+绿篱	白杨+小叶黄杨
前院	灌木+花卉	桧柏球+榆叶梅
院落	果树/观花树+花卉	枣树/山楂+海棠
院落	藤蔓植物+灌木/花卉	爬山虎+绣线菊
院落	高大乔木+灌木/花卉	国槐+山桃
后院	速生用材树种或果树	白杨、梨树、柿子树

除了绿化配置的美观性需求之外，从风环境调控及建筑节能的角度考虑，绿化宜布置在冬季主导风向的迎风一侧，以枝叶较密的常绿树木作为防风屏障。如图 1.27 所示，以严寒地区冬季主导风向为西北风、夏季主导风向为西南风的地区为例，绿化应布置在院落的西北侧，考虑到严寒地区村镇的经济水平及村民的生产生活习惯等，院落中选择性地种植一些果树等具有经济价值的植物。各地区应根据本地区的主导风向进行合理设计，如哈尔滨地区全年风向基本一致，冬、夏两季主导风向均为偏南风，此时应降低迎风一侧的植物种植密度，以兼顾冬季防风和夏季通风的效果。

Energy-saving Design of New-type Dwellings for Villages and Towns in Severe Cold Regions

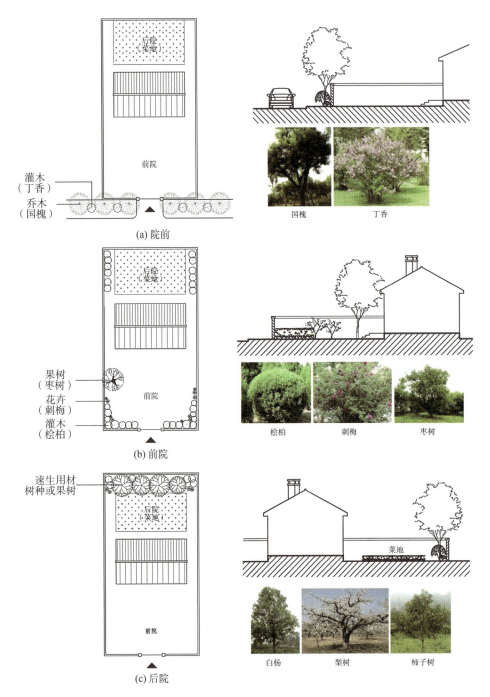

图 1.26　院落不同区域的绿化配置示意图

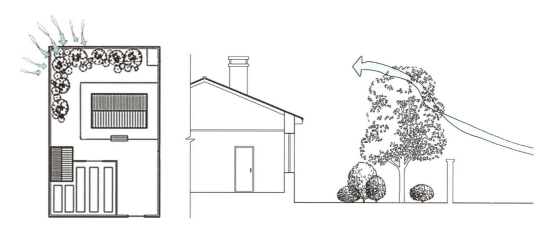

图 1.27 院落植被布置及挡风作用示意图

综上所述，结合课题组的工程实践进行综合分析，如图 1.28 所示，该院落为前后院式的布局模式，主房坐北朝南，在冬季主导风向迎风一侧设置了仓库、畜舍、沼气池等附属用房，以有效地阻挡冬季寒冷气流对院落微环境的影响。菜园设置在前院，能够保证经济作物得到充足的阳光，同时避免了对建筑采光产生影响。选择绿化植物时以充分发挥植物的功能性为目标，组织层次丰富的植物群落，以创造舒适的院落空间，满足人们生活中的各种需求：为了保证院落的私密性，结合院墙形式在院落周围种植了爬藤植物，四周草地环绕；院落中种植景观树；硬质铺地与菜园之间采用绿篱分隔。

1.5 规划布局节能设计要点

严寒地区村镇选址要点：

选址应兼顾以下三个方面，当出现矛盾时，应根据当地的气候、环境及生活特点统筹考虑，以确定主要的设计原则。

① 冬季防风御寒：选址不宜位于风口或窝风地段，且应选择冬季主导风向迎风侧具有遮挡或可种植防风林带的区域；不宜位于中间地势低而周边地势高的凹地区域，且应避免雨雪堆积。

② 夏季通风防热：选址宜位于自然通风良好的地段；应避免周边环境中的建筑物、构筑物等遮挡物对夏季主导风向迎风一侧区域的遮挡，亦可以利用绿化植物来达到遮阳降温的效果。

③ 充分利用太阳能：选址应位于地势平坦区域或向阳坡地，且应避免周边建筑物、构筑物或高大植被对建筑产生遮挡。

严寒地区村镇建筑布局设计要点：

① 合理调控风环境：行列式与复合式布局在村镇风环境调节方面具有一定的优势，当风向角为 30°～60° 时，村镇总体的风环境处于较佳的状态。在此基础上，可通过合理地设置防风屏障来弥补设计中的一些不足之处，以合理组织气流，减少建筑热损失。

② 充分争取日照：可通过错列式建筑布局、点条式建筑布局、周边式布局及合理的植物搭配等设计措施来争取

更多的日照。

严寒地区村镇新型民居院落设计要点：

① 适宜的布局模式：院落布局应结合严寒地区的气候特征及院落在村落中的位置、使用特点等实际情况，选择适宜的布局模式，其中前后院式和"U"字形布局模式的院落风环境相对较好。

图例

图示	名称	树种
	行道树	银中杨、榆树、旱柳等
	庭院树	山梨树、山杏、枣树、沙果等
	树篱	紫叶小檗、水蜡等
	景观花	线秀菊、小叶丁香、锦带花等
	攀爬植物	三叶地锦、五叶地锦、牵牛花等
	菜地	

图 1.28 院落设计平面图

② 合理的围墙设计：围墙材质应根据所在地区的冬季风速大小和院落在村落中的位置合理选择，通常包括石材、砖、格栅、铁艺等，高度宜控制在 1.2 ~ 1.8 m。

③ 科学的绿化配置：绿化植物应布置在冬季主导风向的迎风一侧，优先选择枝叶茂密的常绿树种作为防风屏障，对于冬、夏两季主导风向接近的地区，应合理地控制迎风一侧的绿化种植密度，以达到兼顾冬季防风和夏季通风的目的。

第 2 章 建筑体形与空间

建筑体形与平面布局的不同将影响到建筑能耗的多少。本章首先介绍了村镇民居的基本功能组成及分区原则，其次从减少民居的散热面、防止冷风的不利影响、充分利用太阳能、合理的热环境分区四个方面入手，提出了严寒地区村镇新型民居体型与空间节能的设计手法。

2.1 村镇民居功能解析

受严寒地区气候条件、地理环境、经济技术、人文环境及农民生活模式的影响，严寒地区村镇民居的功能空间与城市民居存在一定的差异性。如图 2.1 所示，城市民居的使用以起居室为核心，功能设置主要围绕起居室展开，室内通常设有卧室、厨房、卫生间、阳台、玄关、书房等；而村镇民居的使用以卧室为核心，功能设置主要围绕卧室展开，以满足基本生活需求为首要任务，室内仅设置厨房及仓储空间等，主卧室兼具会客、用餐等多重功能。

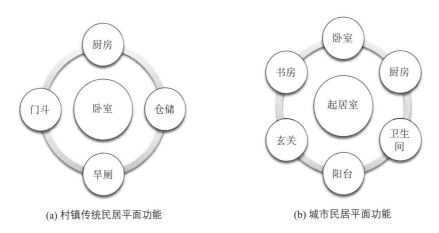

(a) 村镇传统民居平面功能　　　　(b) 城市民居平面功能

图 2.1　严寒地区村镇传统民居与城市民居功能对比

2.1.1 基本功能组成

为了掌握严寒地区村镇民居的基本功能组成及农民的实际需求，课题组对我国黑龙江、吉林、辽宁及内蒙古的典型村落进行了系统的调研。统计结果见表 2.1，除了卧室和厨房是每户必须具备的功能之外，随着农民生活条件的改善，设置起居室的民居日益增多，同时室内卫生间、独立餐厅的用户也略有增加，少数使用煤来采暖的富裕农户还单独设置了独立的锅炉间。

表 2.1 严寒地区村镇民居功能组成情况

功能	卧室	起居室	厨房	餐厅	卫生间	仓储空间	锅炉间
百分比 / %	100	55	100	25	29	61	10

2.1.1.1 卧室

严寒地区村镇传统民居中，卧室占据极其重要的地位，通常设置于南向，以获得更多的日照。如图 2.2 所示，卧室不仅是居民睡眠、休息的场所，同时兼具会客、就餐及日常家务活动等功能。但随着农民生活水平的提高，对民居的舒适性与洁净性提出了更高的要求，卧室中的会客、用餐等功能逐渐分离出去，开始设置起居室、独立的餐厅等功能空间，使卧室成为保障居民睡眠、休息的私密空间。

火炕作为卧室寝具的同时，也是严寒地区村镇民居中最普遍采用的一种采暖方式，通常是利用做饭的余热加热炕面，使室温升高，一把火既解决了做饭的热源又解决了取暖，常常也配合其他采暖方式共同使用，如火炕、火墙一体化的采暖方式。按照在卧室中的位置火炕可分为南炕与北炕（图 2.3）。近年来，一些经济条件较好的地区或农户开始较多地采用土暖气（或地热）与火炕共同采暖的方式，床开始被逐渐使用。

(a) 在卧室炕上做手工活的村民

(b) 在卧室炕上会客的村民

图 2.2 严寒地区村镇民居卧室兼具的功能

(a) 南炕

(b) 北炕

图 2.3 村镇民居卧室中的火炕

2.1.1.2 起居室

村镇新型民居的设计与建设中,起居室开始受到居民的关注,并在使用过程中起到越来越重要的作用,通常设置在南向以营造一个舒适的起居环境。起居室的设计手法主要包括:兼具卧室功能和独立设置两种(图2.4)。前者常用的做法主要有两种:

① 在起居室的一侧直接布置寝具作为休息区域,这种情况下通常采用可灵活布置的床。

② 在起居室中设置隔断或帘幕将休息区与会客区隔开,当闭合隔断时,会形成两个独立的空间,这种情况下寝具通常采用火炕。

(a) 兼具卧室功能的起居室

(b) 独立设置的起居室

图2.4 严寒地区村镇民居中的起居室

2.1.1.3 厨房

厨房是村镇民居中重要的功能空间之一,传统农户中大部分家务劳动都是在厨房中进行,同时作为"热源"空间,它对民居的整体功能和热环境质量也起到重要的作用。

严寒地区村镇传统民居的炊具以灶台为主（图2.5），一般设置1~2个灶台，灶台除了作为烹饪之用以外，同时还为火炕供热。灶台采用的燃料多为秸秆、玉米穰、柴火等生物燃料，故在村镇民居的厨房中需要留有堆放燃料的空间。近年来，随着生活质量的提升，整体厨房理念也逐渐被推广和应用（图2.6），如部分新型民居中将现代烹饪器具与火炕有机地结合起来，或彻底地摒弃了灶台，使村镇民居厨房与城市民居厨房差别缩小，但这类厨房现阶段在村镇民居中的使用仍占少数。

(a)

(b)

图2.5 村镇传统民居中的厨房

(a)

(b)

图2.6 村镇新型民居中的厨房

2.1.1.4 餐厅

村镇传统民居没有餐厅的概念，居民大都在火炕上采用炕桌进行就餐。近年来，村镇新型居民开始注重用餐的舒适性，逐渐在厨房、起居室或卧室中划分出相对独立的用餐空间（图2.7）或设置独立的餐厅（图2.8）等。考虑到冬季用餐的舒适性和便捷性，餐厅通常设置在民居中部或靠近厨房的位置。

(a)   (b)

图 2.7　在其他功能空间内设置用餐空间

(a)   (b)

图 2.8　独立设置的餐厅

2.1.1.5　卫生间

严寒地区村镇传统民居的卫生设施均为室外旱厕，卫生条件较差，但随着居民生活方式的改变及经济水平的提高，一些新建村镇民居在室内设置了独立的卫生间。调研发现，由于没有完善的给排水管网系统，室内卫生间使用不便，大部分村镇居民仅在卫生间中进行盥洗、淋浴等，并不使用便器，以避免自家设置的渗井产生反味现象（图 2.9）。

(a)   (b)   (c)

图 2.9　新型村镇民居中的室内卫生间

2.1.1.6 仓储空间

严寒地区村镇居民的生产生活模式决定了仓储空间在村镇民居中的重要作用，该空间通常用来储藏生活必需品（如粮食、蔬菜等）、农耕工具（如锄头、铁锹等），以及其他物品（如牲畜饲料等）等，因其对温度要求较低，通常设置在建筑的北向。

仓储空间的面积根据储藏的物品和使用者的需求而定，可在建筑中设置独立的储藏室，或依附民居主体搭建储藏空间，也可在院落内搭建仓储用房（图2.10）。

(a) 室内仓储空间

(b) 依附民居的仓储空间

(c) 独立设置的仓储空间

图2.10　仓储空间

2.1.2　功能分区基本原则

为了提高村镇民居的居住舒适性、使用便捷性及环境安全性，改善村镇居民的生活质量，民居平面设计时应根据各个功能空间的使用特点进行合理分区。平面分区的基本原则是综合考虑功能的公私分区、洁污分区以及动静分区（图2.11）。

（1）公私分区。可分为公共区域、半公共区域、半私密区域与私密区域。公共区域是可以轻易到达且对其他功能没有影响的区域，如入口空间；半公共区域是指供家庭聚会、会客的起居室等；半私密区域是指供主人做家务或可供外人使用的空间，如厨房、卫生间、储藏间；私密区域是指供主人休息的卧室等空间。

（2）洁污分区。可分为清洁区域与污浊区域。清洁区域是指对空气质量、整洁程度要求较高的起居室、卧室等；污浊区域是指在使用的过程中会产生烟气、垃圾、污水等污浊物的区域，或对整洁程度要求不高的房间，如厨房、卫生间、储藏间等。

（3）动静分区。可分为动区与静区。动区是指主要从事

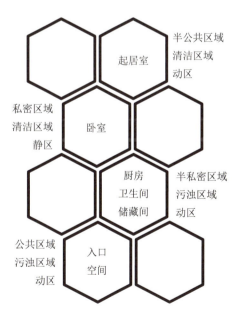

图2.11　功能类型划分基本原则

公共活动，环境较为嘈杂的房间，如起居室、厨房、入口空间等；静区是指主要用于休息、工作，环境较为安静的房间，如卧室。

2.2 建筑体形与空间节能设计方法

2.2.1 减少建筑的散热面

2.2.1.1 建筑物体形系数

建筑物体形系数（S）是指建筑物与室外大气接触的外表面积（F）与其所包围的体积（V）的比值[6]，即 $S=F/V$，直观反映了建筑物体型的复杂程度。由于通过围护结构的传热耗热量与传热面积成正比，因此，体形系数越大，单位建筑空间的散热面积越大，能耗越高；反之，体形系数越小的建筑物，其耗热量就较小。当建筑物各部分围护结构的传热系数和窗墙面积比不变时，建筑物耗热量指标随着建筑体形系数的增长而呈线性增加。

体形系数是影响建筑能耗的重要因素，现行的建筑节能设计标准中，建筑物体形系数是控制建筑采暖能耗的一个重要参数。研究表明，体形系数在 0.3 的基础上，每增加 0.01，能耗增加 2.4%～2.8%；每减少 0.01，能耗减少 2.3%～3%[7]。因此，从降低建筑能耗的角度出发，严寒地区村镇新型民居设计，在满足居住舒适度、采光通风要求及美观的前提下，尽可能将体形系数控制在一个较低的水平。研究表明，对于严寒地区村镇民居，其体形系数以控制在 0.80 以下为宜[8]，在设计时，可从布局模式、平面形状、屋顶形式等方面考虑。

（1）平面形式对体形系数的影响。

追溯严寒地区村镇民居的发展历程（表 2.2），从新中国诞生后的"一明两暗"民居、改革开放后的改进民居，到 21 世纪的新农村民居，历经几十年的发展，虽然严寒地区村镇民居的平面布局发生了变化，但平面形式仍保持集中布置的紧凑平面形式。

① 布局模式。

严寒地区村镇民居常用的建筑布局模式包括独立式和联排式。独立式（图 2.12（a））是指独门独户的独栋民居，四周通常由围墙围合而成一个独立的院落空间；联排式（图 2.12（b））指由两栋或两栋以上民居并联而成的有独立门户的民居形式，院落通常位于民居的一侧，其中双拼式是联排式民居的一个特例。

村镇民居以自建为主，尤其是东北严寒地区宅基地面积较大，除了民居占用以外，其余大部分院落用来储存生产工具、存放粮食、饲养家畜，因此该地区的传统民居以独立式为主。但在调研中发现由企事业单位主管的村镇，如林业局所在地，其住房为职工民居，宅基地、住房均由政府统一规划与设计建设，多采用联排式的布局模式，这类房屋一排通常由 3～4 户组成，每户面积较小，功能设置、平面布局及房屋高度均相同。

由图 2.13 可知，独立式房屋与联排式房屋的体形系数存在很大的差别。假设每户房屋的平面面积 $S_\text{平}$ 相同，独立式外表面面积为 S_1，体积为 V，双拼式外表面面积为 S_2，体积为 $2V$，联排式外表面面积为 S_3，体积为 $3V$。由图可知，独立式房屋虽然平面组合灵活，每个房间都能获得较好的采光与通风，但散热面明显多于联排式，体形系数较大，不利于节约能源。因此，严寒地区宜积极推广集约型、体形系数小的联排式建筑布局模式。

表 2.2 严寒地区村镇民居的发展历程

类型	平面示意图	说明
"一明两暗"民居	1—卧室；2—厨房	民居为南向入口，三间一厅或两间一厅，单进深布置模式，厨房布置在中间，面积较大，卧室布置于两侧
改进民居	1—卧室；2—起居室；3—厨房；4—储藏室	平面布局有了较大改进，主要表现在厨房、锅炉间、储藏室移至北向，与南向居住房间（卧室、客厅）并列布置，厨房面积趋小，房间热环境分区逐渐合理化
新农村民居	1—卧室；2—起居室与卧室结合；3—厨房；4—储藏室；5—预留卫生间；6—门斗	民居平面布局更灵活多样，布局趋向于向合理化、功能复杂化、进深加大化发展，同时加大了可再生能源技术的利用力度，提高节能效果

(a) 独立式　　　　　　　　　　　　　　(b) 联排式

图 2.12　村镇民居的布局模式

② 平面形状。

严寒地区村镇民居的平面形状根据使用功能在方形的基础上进行变换，演变出正方形、长方形、L 形、凹字形、凸字形等平面形式。建筑平面的规整程度对建筑能耗影响较大，平面变化较多的建筑其凹凸变化也较多，能耗量也相应增加。假设各种平面形式的底面积相同，建筑高度为 H，建筑平面形状与建筑能耗的关系见表 2.3[9]。

当面积相同时，正方形平面的周长最短，是节能的最佳形状，但是在日常使用中，建筑的平面形式会因使用功能、功能流线的不同以及建筑造型、采光通风的需求而发生改变。建筑凹凸变化增多，体形系数也相应增大，从而导致建筑能耗增加，因此，严寒地区村镇节能民居的平面布局、外形设计不宜凹凸太多，尽可能力求完整。

（2）屋顶形式对体形系数的影响。

严寒地区村镇民居的屋顶形式主要为坡屋顶（图 2.14），屋顶形式对体形系数是否产生影响主要取决于坡屋顶的保温方式，而屋顶保温方式的影响主要体现在保温层的设置位置。

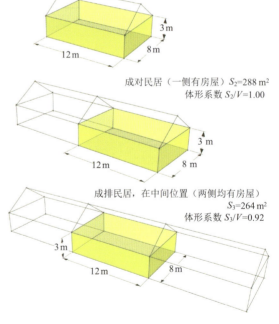

图 2.13　不同布局模式的建筑物体形系数

① 由图 2.15 可知，当屋顶保温层设置于屋面结构层上部时，外墙保温层与屋面结构层形成一个围合的空间，在建筑尺寸相同的情况下，随着屋顶坡度的增大，屋顶表面积及其所围合的体积也随之增加，从而对体形系数产生影响。

表 2.3　平面形状与建筑能耗的关系[9]

平面形状					
平面周长	$16a$	$20a$	$18a$	$20a$	$18a$
体型系数	$\dfrac{1}{a}+\dfrac{1}{H}$	$\dfrac{5}{4a}+\dfrac{1}{H}$	$\dfrac{9}{8a}+\dfrac{1}{H}$	$\dfrac{5}{4a}+\dfrac{1}{H}$	$\dfrac{9}{8a}+\dfrac{1}{H}$
增加量	0	$1/4a$	$1/8a$	$1/4a$	$1/8a$

注：表中 a 表示一个单元格的边长，H 表示建筑的高度

(a)

(b)

图 2.14　寒地民居常用的屋顶形式

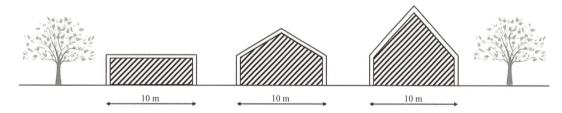

图 2.15　屋顶保温层设置于屋面结构层上部

② 如图 2.16 所示，当屋顶保温层设置于室内吊顶保温层上时，外墙保温层与吊顶保温层形成一个围合的空间。此时屋顶形式的变化不会对室内围合空间的尺度产生影响，从而不会影响建筑物的体形系数。

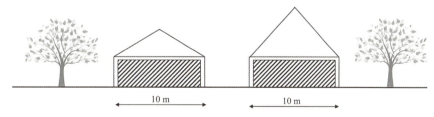

图 2.16　保温层设置于室内吊顶保温层上部

2.2.1.2 建筑外窗面积

建筑外围护结构中,窗的传热系数远远大于墙的传热系数,窗面积越大,建筑的传热耗热量也越大。因此,严寒地区村镇新型民居设计时应在满足室内采光和通风的前提下,合理限定窗面积的大小,以降低建筑能耗。

(1)窗地面积比。

村镇民居应以自然采光和通风为主,外窗是获取日照与通风的主要媒介(图2.17),为了满足并获得最优化的室内采光通风条件,应根据各个房间的使用性质及特点,合理确定房间的窗地面积比、自然通风开口面积与地面面积的比值及位置关系。

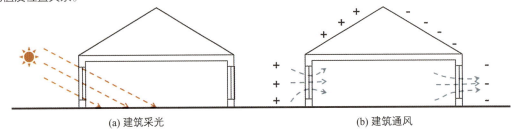

(a) 建筑采光   (b) 建筑通风

图2.17 窗是建筑采光通风的主要媒介

① 采光要求。《民居设计规范》(GB 50096—2011)中对各功能房间的窗地面积比做了明确规定:卧室、起居室(厅)、厨房的采光洞口的窗墙面积比不应低于1/7,需要获得冬季日照的居住空间的窗洞开口宽度不应小于0.60 m[10]等。严寒地区村镇民居应首先满足国家现行标准的相关规定,在条件允许的情况下,可在现有标准的基础上略有提升,但不宜过大。窗地面积比是指窗洞口的净面积和地面净面积的比值(图2.18)。

② 通风要求。《民居设计规范》(GB 50096—2011)中对各功能房间的自然通风开口面积与地面面积比做了明确规定(自然通风开口面积与地面面积比是指窗洞口可开启部分的净面积与室内地面净面积的比值,见图2.19)。卧室、起居室(厅)的直接自然通风开口面积不应小于该房间地面净面积的1/20,厨房的直接自然通风开口面积不应小于该房间地面净面积的1/10,并不得小于0.60 m²等[10]。严寒地区村镇民居同样需要满足国家现行标准的相关规定,在条件允许的情况下,可在现有标准的基础上略有提升,但不宜过大。

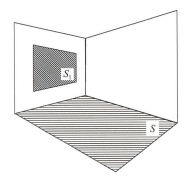 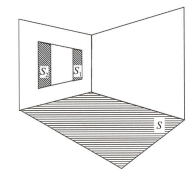

图2.18 窗地面积比示意图 S_1/S 图2.19 自然通风开口面积与地面净面积比 $(S_1+S_2)/S$

同时为保证民居室内的空气质量,门窗的开口位置(图2.20)、开口高度(图2.21)、开口面积(图2.22)等应有利于组织自然通风，使从民居进风口流入的空气能够在室内充分流动，避免造成资源、能源的浪费。

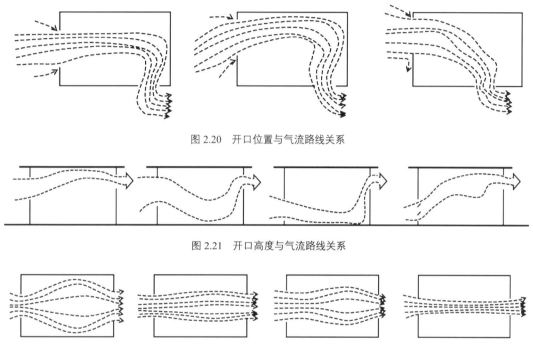

图 2.20　开口位置与气流路线关系

图 2.21　开口高度与气流路线关系

图 2.22　开口面积与气流路线关系

（2）窗墙面积比。

窗墙面积比是指窗户洞口面积与房间立面单元面积（即建筑层高与开间定位线围成的面积）的比值（图 2.23）。《严寒和寒冷地区居住建筑节能设计标准》（JGJ 26—2010）[7]明确规定了严寒和寒冷地区居住建筑在不同朝向上的窗墙面积比的限值（表 2.4），同时还根据建筑物所处气候分区区属不同，规定了不同窗墙面积比条件下外窗的热工性能参数限值与遮阳系数限值。

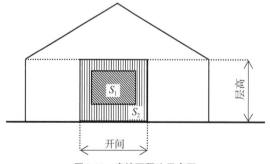

图 2.23　窗墙面积比示意图

近年来，严寒地区村镇民居的窗墙面积比有日益增大的趋势，主要是由于村镇居民越来越青睐于明亮、通透的室内环境，同时认为大面积的外窗在冬季白天可以获得更多太阳辐射热。研究表明，不同朝向外窗的冬季累计得热量是不同的，南向外窗的得热量最大，往东、西两向分别逐渐减少，当超过南偏东或偏西 45° 时，累计得热量基本为零。与此同时，外窗的传热系数远大于保温墙体的传热系数，建筑采暖能耗随着外窗面积的增大而显著增加。因此，在满足采光通风要求的基础上，应尽可能地降低窗墙面积比（尤其是北向外窗），当窗墙面积比大于标准中规定的限值时，即窗户的耗热量增加，须进行围护结构热工性能的权衡判断，这时必须通过增加其他部位的保温性能来补偿，以保证建筑整体的节能效果。

表 2.4　严寒和寒冷地区居住建筑在不同朝向上的窗墙面积比的限值

朝向	窗墙面积比	
	严寒地区	寒冷地区
北	0.25	0.30
东、西	0.30	0.35
南	0.45	0.50

注：表中的窗墙面积比应按开间计算。表中的"北"代表从北偏东小于 60°至北偏西小于 60°的范围；"东、西"代表从东或西偏北小于等于 30°至偏南小于 60°的范围；"南"代表从南偏东小于等于 30°至偏西小于等于 30°的范围

2.2.1.3　室内净高

室内净高是指楼面或地面至上部楼板底面或吊顶底面之间的垂直距离（图 2.24）。室内净高除影响民居的使用功能之外，对于改善室内环境、降低建筑能耗也具有重要作用。

首先，室内净高对居住者的使用舒适度会产生影响。室内过于低矮不仅易给使用者造成过分压抑、憋闷的感觉，还会限制开窗的位置和高度，不利于室内的空气流动和自然采光的摄入；过于高大会使空间比例失调、空旷，让人缺少安全感（图 2.25）。

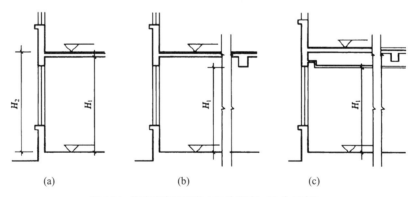

图 2.24　室内净高和层高（H_1 为净高；H_2 为层高）

其次，室内净高对建筑能耗也产生一定的影响。现行的国家及行业标准综合考虑节地、节能、节材及资源利用等，规定民居的层高宜为 2.8 m，卧室和起居室（厅）的室内净高不低于 2.4 m，以保证基本使用要求。但村镇民居多为自筹自建，室内净高往往靠农民的经验与喜好来决定。调研结果表明，建造年代在 1990 年之前的房屋净高多为 2.1 ~ 2.4 m、1991—1999 年间的集中在 2.4 ~ 2.5 m、2000—2009 年间的集中在 2.5 ~ 2.7 m，而 2010 年之后建造的房屋多为 2.8 ~ 3.0 m，个别民居的净高为 3.3 ~ 3.6 m。在其他条件相同的情况下，室内净高的增加会对建筑

节能和室内通风产生一定的影响。

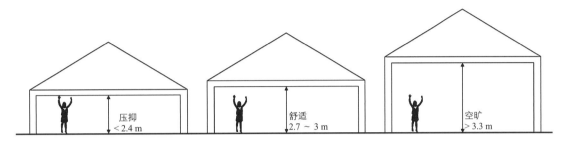

图 2.25　不同室内净高的主观感受

（1）导致建筑能耗增加。随着室内净高的增加，建筑物的体积增加，在提高相同室内温度的情况下，需要消耗更多的热量；同时建筑散热面的增加，造成热损失增加，不利于建筑节能（图 2.26）。

（2）不利于室内气流组织。随着室内净高的增加，室内气流组织更为复杂，且容易造成大量气流积聚在人员不活动的区域，造成资源、能源的浪费。《民居设计规范》（GB 50096—2011）中指出：降低建筑室内净高，其房间断面随之变小，有利于增加对流风速，组织自然通风。但同时须考虑到居住者的使用需求，民居室内净高也不宜过低（图 2.27）。

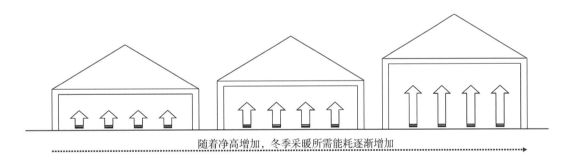

图 2.26　室内净高对采暖能耗的影响

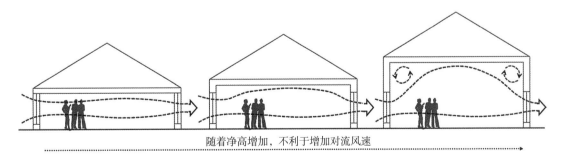

图 2.27　室内净高对室内通风的影响

2.2.2 防止冷风的不利影响

冬季冷风将通过直接渗透或加大建筑围护结构外表面热损失的方式影响室内热环境，也是影响建筑采暖能耗大小的重要因素。而入口作为严寒地区村镇民居冬季唯一的开口部位，其频繁开启使用势必造成大量的冷风渗透，严重影响室内热环境质量，不利于建筑节能。因此，民居入口的设计应以减少对流损失为主要目标，既不使室外的冷风直接侵入室内，又要最大限度地防止室内热量的散失。在设计时，可从入口位置与朝向、入口防风措施等方面考虑。

2.2.2.1 入口位置与朝向

建筑入口作为室内外空间的过渡空间，不但会对建筑的使用功能产生影响，而且对于提高室内环境质量、降低建筑能耗也会起到重要作用。入口的朝向应避开当地的冬季主导风向，以减少冷风渗透，同时又要考虑创造良好的热环境。通常情况下，入口设置于南向对节能有利：

（1）建筑南侧在冬季拥有良好的日照条件，南向入口可以比北向入口获得更好的室内热环境。

（2）人们习惯于将主要入口处的民居院落作为主要庭院（即前院），在严寒地区，将阳光充足的南向院落作为主要庭院符合用户的使用和心理需求。此外，对于前后院式的院落布局模式，为了便于居民的日常使用，也可在建筑南北两侧均设置入口，但北侧入口应做好冬季的防风和保温措施。

2.2.2.2 入口防风措施

从节能的角度考虑，在合理确定入口位置及朝向的基础上，应进一步对入口采取有效地防止冷风渗透及保温的措施，在严寒地区村镇民居入口处可增设门斗（图2.28）。

门斗可以改善入口处的冬季热环境，首先门斗本身形成一个室内外的过渡空间，对于建筑具有良好的保温功能；其次可以避免冬季外门频繁使用造成的建筑冷风渗透现象，减少风压作用下形成空气流动而损失的热量。在设计时，须注意门斗外门的位置与开启方向对入口热环境和气流组织的影响，如图2.29所示，当门斗外门与民居外门相对布置时，室

图2.28　村镇住宅入口处门斗

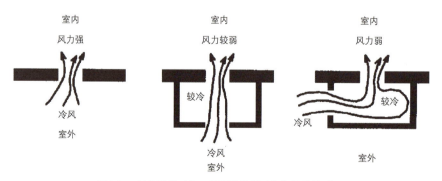

图2.29　外门位置对入口热环境的影响与气流的关系

外冷风会对民居外门造成直接的侵袭，门斗的缓冲作用较弱；当门斗外门与民居外门垂直布置时，门斗会对气流起到一定的组织和阻挡作用，缓冲效果明显。如图 2.30 所示，门的开启方向与风的流向角度不同时，所起到的作用也不相同，当气流方向与门扇的方向平行时，具有导风作用；当气流方向与门扇成角度时，具有挡风作用，以垂直时的挡风效果最佳。

图 2.30 外门开启方向对气流的影响

因此，入口设计时应根据当地冬季的主导风向确定外门的位置和朝向及门斗外门的位置及开启方向，以达到使冷风渗透最小的目的。

此外，如果受条件限制未能设置门斗，也可通过设置双层门来降低冬季冷风对室内热环境的影响。当利用墙厚设置双层门时（图 2.31（a）），间距为 300～400 mm 才能保证开启外门时，冷风不会直接吹入，关闭时也可以增加外门的热阻，提高保温性能；当利用缓冲空间设置双层门时（图 2.31（b）），间距不宜小于 800 mm[11]。

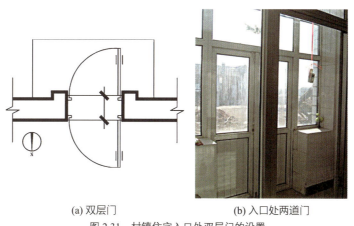

(a) 双层门　　　　　　(b) 入口处两道门
图 2.31 村镇住宅入口处双层门的设置

2.2.3　充分利用太阳能

太阳能是一种取之不尽，用之不竭，无污染且价廉的能源，我国太阳能资源十分丰富，特别是北方严寒地区冬季由于气候干燥，因此光照充足、太阳辐射量大，在建筑平面布置和设计中，应充分利用这一特点。与城市民居相比，严寒地区农村在空间布局、建筑形式以及政策等方面均有利用太阳能的优势。在设计时，优先选用被动式太阳能技术。

2.2.3.1　建筑朝向

民居朝向应能最大限度地利用太阳辐射能。朝向的确定需要全面考虑当地的气候条件、地理环境、村镇布局及宅基地等实际情况，结合当地气候条件，使其处于当地的最佳朝向范围。确定的总原则是：保证节约用地的前提下，冬季最大限度地获得日照，夏季尽量减少太阳直射室内，并有利于自然通风。

首先，从长期的实践经验分析，南向是全国各地均较为适宜的建筑朝向，但实际设计时由于受到各方面条件的制约，不可能所有建筑都采用南向。因此，建筑朝向应控制在当地的最佳朝向范围之内。以严寒地区代表城市哈尔滨、长春、沈阳为例，建筑最佳朝向及适宜朝向见表2.5。

表2.5　严寒地区典型建筑最佳朝向及适宜朝向

城市	朝向分析图	最佳朝向	适宜朝向
哈尔滨	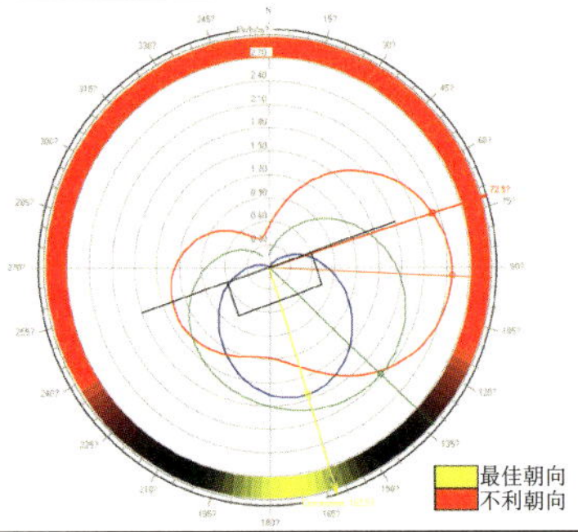	南至南偏东 0°～15°	南偏西 15° 至南偏东 25°
长春	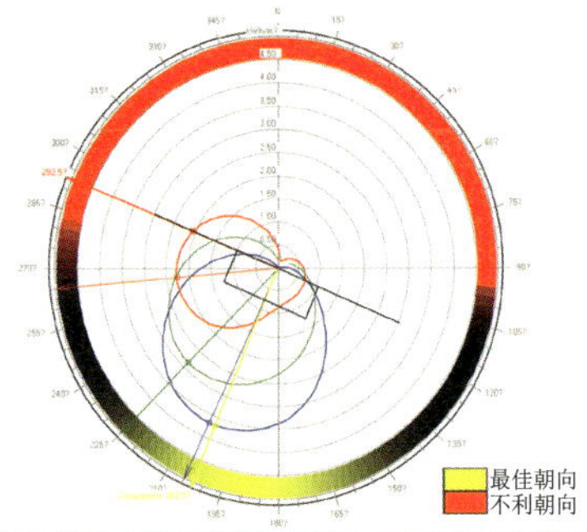	南偏西 25° 至南偏东 15°	南偏西 45° 至南偏东 45°
沈阳	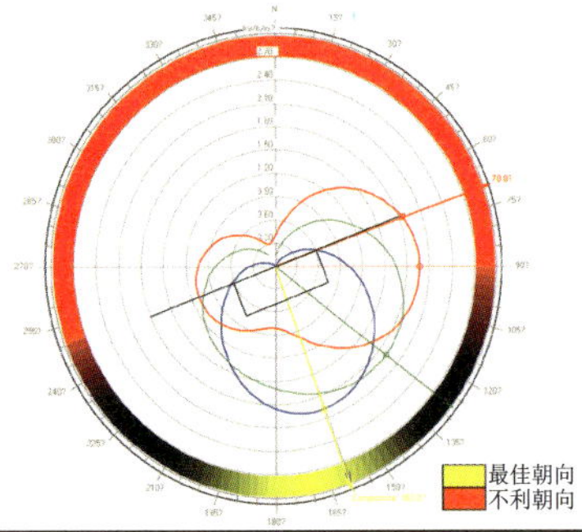	南至南偏东 20°	南偏西 20° 至南偏东 35°

其次，最佳建筑朝向范围确定之后，村镇新型民居设计时还应考虑室内各功能房间对朝向的需求。如图2.32所示，以东北严寒地区农村院落为例，主房通常坐北朝南，设计时应使主要功能空间，如卧室、起居室等对热环境需求较高的房间位于南侧，这样在获得良好日照的同时，也有利于降低建筑采暖能耗。此外，如果民居为长方形的平面形式，宜使长轴方向垂直于最佳朝向范围，以获得大量的太阳辐射热，而且在面积相同的情况下，主朝向的面积越大越好。

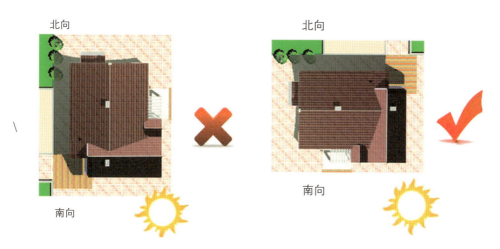

图 2.32 民居朝向与采光的关系 [12]

2.2.3.2 附加阳光间

阳光间是指附加在建筑南侧而形成的一个缓冲空间，由于其直接获得太阳辐射热而使内部温度始终高于外环境温度，既可以在白天通过对流经门、窗等孔洞供给房间热量，又可在夜间作为缓冲区，减少房间的热损失，使建筑物与阳光间相邻的部分获得一个温和的环境。阳光间还可作为温室栽种花卉，以及用于交通联系、娱乐休息等功能[13]（图2.33）。

阳光间组成及工作原理如图 2.34 所示。在设计时，应从阳光间与村镇民居的结合形式、阳光间尺寸、公共墙设计、地面材质选择、夏季防热等方面综合考虑，对于既有村镇民居改造或临时附加阳光间时，可以根据实际情况对以下几个方面进行选择性的设计。

(a) 简易阳光间

(b) 玻璃阳光间

图 2.33 附加阳光间

（1）与民居的结合形式。

阳光间不宜局部突出于建筑外墙，会对其余的南向墙面产生遮挡。从平面形式来看，主要可以分为三种类型，如图 2.35 所示：图 2.35（a）是凹入建筑内部，只有一面墙朝外；图 2.35（b）是半凹入建筑内部，有两面墙朝外；图 2.35（c）是凸出于建筑外部，有三面墙朝外。从集热面积来看，图 2.35（c）的集热面积最大，图 2.35（a）最小，图 2.35（b）居中；但从热工性能来看，图 2.35（a）的热工性能最好，图 2.35（b）其次，图 2.35（c）最差。主要是由于普通玻璃虽然能透过太阳辐射而不透过长波辐射，积聚大量的热量，却也能像黑体一样，吸收绝大部分投射在上面的长波辐射，其吸收率在 84% 以上。由于玻璃的导热系数很高，因此长波辐射被玻璃表面吸收后，可以轻易地通过热传导而穿越玻璃抵达另一表面，再以长波辐射或对流的方式散发[14]。这就需要有足够的蓄热体把热量储存住，才能达到采暖的要求。图 2.35（c）虽然有较大的集热面积，使温度升高较快，但由于蓄热面积小，温度下降也快，因而室内温度波动较大，产生不舒适感。而图 2.35（a）在集热的同时，还拥有三面的蓄热墙体，使收集到的热量能够较好地储存住，使室内温度稳定。另外，由于玻璃面积的减少，还可以节约造价。由此可见，图 2.35（a）形式比 图 2.35（b）、图 2.35（c）更适合于严寒地区新建民居的使用。但考虑到农村地区的实际情况，对于既有建筑而言，目前在严寒地区大量采用塑料薄膜制作临时的简易阳光间，这种情况下图 2.35（c）形式可行性更强。

在功能关系上，阳光间宜与客厅或出入口相连。因为客厅的主要功能是会客或娱乐，对照度的要求较低，而且它在一天中利用时间最长，所以需要稳定的温度环境。出入口是民居中冷风渗透相对较大的地方，尤其在开门时，大量的冷风通过外门进入，如果设置阳光间，内部温度升高，可以减少冷风对采暖房间的侵袭。

从立面形式看，阳光间的顶部可以做成透光的和不透光的两种。透光的得热量高于后者，但由于顶部玻璃易碎，施工复杂，而且夏季容易产生过热现象，因此一般多用后者。在与民居结合上，可以利用坡屋顶的延伸作为阳光间的顶部。在玻璃与地面的衔接上，应砌筑 300 mm 高的墙体，以防冻土地面对阳光间温度的影响过大。

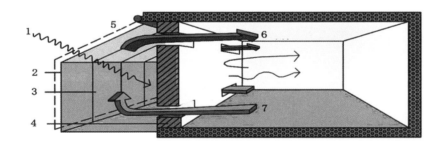

1—太阳光；2—窗或玻璃幕；3—阳光间；4—蓄热体；5—外遮阳；6—热空气（日间）；7—冷空气

图 2.34　阳光间组成及工作原理

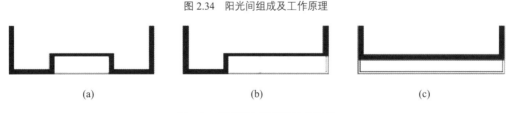

图 2.35　阳光间与建筑的结合形式

（2）尺寸。

对于阳光间的尺寸，进深不宜过大。因为进深过大不仅会影响到邻接房间的采光率，还会影响公共墙体的集热蓄热效果。根据实践和模拟计算，单纯作为集热部件的阳光间进深不宜大于 0.6 m，兼做使用空间时可按需要加大，但不宜超过 1.5 m[15]。

（3）公共墙设计。

公共墙位于阳光间与采暖房间之间，既是阳光间的集热蓄热墙体，又是邻接房间的热量传递途径。公共墙应具有较高的集热效率，以将多余的热量通过传导、辐射或对流的方式输入邻接房间。首先，墙体要没有遮挡，以保证其充分接收太阳辐射；其次，墙面要选择颜色较深、对太阳辐射吸收系数较高的材料。如红砖的吸收系数为 0.7～0.77，但墙体表面抹灰后，吸收系数就会降到 0.5 左右，所以墙面可以不进行处理，或采用颜色较深的涂料，如深蓝色（吸收率为 85%）、墨绿色（吸收率为 93%）等[16]。

此外，公共墙还要有较好的蓄热能力。材料的蓄热能力一般取决于材料的性质和厚度，通常质量越大的材料，蓄热能力越强，但是厚度达到一定程度后，随着厚度的增加，蓄热能力的增加就不明显了。设计时应选取适当的墙体厚度，如砖墙厚度宜在 240～370 mm，混凝土墙厚度宜在 300～400 mm。

为了保证阳光间内可利用的热量基本上可通过空气自然循环进入采暖房间，公共墙上的门窗开孔率不宜小于公共墙总面积的 12%，通常的开孔率是 25%～50%[17]。

（4）地面。

根据阳光间使用功能的不同，地面所用的材质也有所差异，但目的是使地面能够充分地集热和蓄热。当作为温室使用时，土壤要有足够的厚度，一方面是便于蓄热，另一方面还要适合植物生长的需要；如果作为生活空间的延伸，地面要使用深色材料，便于集热。

（5）夏季防热。

阳光间利用温室效应在冬季可以提高室内温度，同时，在夏季也会产生过热现象，所以要做好防热措施：

① 遮阳：利用遮阳来减少太阳辐射进入阳光间，以便降低温室效应的作用。例如：将屋顶向外伸出，可以降低阳光的入射量，夏季能够避免室内过热，但确定屋顶伸出尺寸的时候，应以不影响冬季阳光入射量作为标准；选用一些活动的遮阳装置，如窗帘、挡板；或种植一些攀缘类植物，利用叶片对玻璃进行遮挡。

② 通风：由于空气加热后会上升，因此可利用窗户的开启方式引导气流流动，如阳光间的上部为可开启的内开上悬窗，下侧为外开上悬窗，便于热空气的散失。同时，在农村民居南向房间的北墙上可设置一个 900 mm×900 mm 的小窗，形成南北向的穿堂风[18]。

2.2.4 合理的热环境分区

严寒地区村镇民居的平面功能布局在满足基本功能分区原则的前提下，应进行合理的热环境分区。

由于居住者对起居室、卧室、厨房、储藏室等各种房间的使用要求及在其中的活动状况各不相同，因而对这些房间的室内热环境需求也各异。在设计中，应根据这种对热环境的需求进行合理的分区，即将热环境质量要求相近的房间相对集中布置，这样既有利于对不同区域分别控制，又可以使室内热量利用最优化。严寒地区冬季北向房间基本得不到日照，而且冬季主导风向又多为西北风和北风，风速较高，可见，北向房间是建筑保温的薄弱环节。相反，南向房间白天可获得大量的太阳辐射热，而南墙又多处于建筑的背风区域，冷风渗透现象明显少于北向房间。如图 2.36

所示，在同样的供暖条件下，民居中可以划分出两个主要的热环境分区：南向区间（即主要功能区）和北向区间（即温度缓冲区）。

（1）南向区间（主要功能区）。

温度相对较高，热稳定性较好。主要布置卧室、起居室、餐厅等主要功能房间，可从事对室内温度要求较高的休憩、起居、就餐等活动。

（2）北向区间（温度缓冲区）。

温度相对较低，热稳定性较差。主要布置厨房、仓储空间、卫生间等辅助功能房间，可从事对温度要求较低或操作时间短的劳作、炊事、储藏等活动。

这种基于热环境需求的功能分区方式，对于提高室内热舒适度、降低建筑能耗具有较大优势：不但在白天可以充分获得日照，而且节省了提高整个民居室内温度所需要的能源。辅助功能房间使用时间短、对温度要求低，布置于北侧并不影响使用，而且形成了室外环境与主要功能空间之间的"缓冲区"，能够减少冬季冷风对主要功能区的不利影响，使主要功能区保持室内具有较高的温度。

图 2.36 严寒地区村镇民居热环境分区

2.3 建筑体形与空间节能设计要点

减少建筑的散热面：

① 建筑物体形系数：严寒地区村镇民居的体形系数宜控制在 0.8 以下，建筑布局模式宜采用双拼式或联排式，平面形状宜规整；屋顶保温形式宜选择吊顶保温，避免屋顶形式变化对体形系数的影响。

② 建筑外窗面积：满足室内采光、通风和节能的前提下，根据实际需求合理限定窗面积的大小，必要时进行围护结构热工性能的权衡判断。

③ 室内净高：综合考虑空间的使用功能需求、采光通风及建筑节能等，合理确定室内净高，宜控制在 2.6～2.8 m。

防止冷风的不利影响：

① 入口位置与朝向：入口位置应结合平面的功能布局，通常处于民居的功能中心；入口朝向应避开当地的冬季主导风向，同时又要考虑创造良好的热环境，宜设置于南向。

② 入口防风措施：入口处可增设门斗或设置双层门，设计时需注意门斗外门的位置与开启方向对入口热环境和气流组织的影响。

充分利用太阳能：

① 建筑朝向：建筑朝向应处于当地的最佳朝向范围，冬季可最大限度地获得日照，夏季尽量减少太阳直射室内，并有利于自然通风；同时考虑室内各功能房间对朝向的需求，使主要功能空间位于最佳朝向一侧。

② 附加阳光间：综合阳光间与村镇民居的结合形式、阳光间尺寸、公共墙设计、地面材质选择、夏季防热等方

面，以提高阳光间的集热效率。对于既有村镇民居改造或临时附加阳光间时，可以根据实际情况对以上几方面进行选择性的设计。

合理的热环境分区：

在空间布局中，把卧室、起居室、餐厅等对温度要求较高的主要功能区布置于南向区间，而将对温度要求相对较低且阶段性使用的卫生间、储藏室等辅助功能空间布置于北向区间，并形成温度缓冲区。

第 3 章　建筑围护结构

严寒地区村镇新型民居节能设计的重点是建筑围护结构。围护结构由外墙、屋顶、地面、门窗四个部分组成。本章阐述了每个部分的节能设计要点，包括节能材料选择、节能构造设计，并针对严寒地区村镇建筑的特点，遵循因地制宜、就地取材的原则，介绍几种具有推广价值的适宜节能构造做法，并给出了具体的实施步骤。

3.1　概述

3.1.1　围护结构组成

围护结构是指建筑及房间各面的围挡物，包括屋顶、外墙、门窗、地面等。围护结构分透明和不透明两部分：透明围护结构包括窗户、玻璃幕墙等；不透明围护结构包括墙体、屋顶和楼板等。根据在建筑物中的位置，围护结构可分为外围护结构和内围护结构（图3.1）。外围护结构包括外墙、屋顶、外门窗、地面等，用以抵御风雨、温度变化、太阳辐射等，应具有保温、隔热、隔声、防水、防潮、耐火、耐久等性能；内围护结构如隔墙、楼板和内门窗等，主要起到分隔室内空间的作用，应具有隔声、隔视线以及某些特殊要求的性能。其中，外围护结构是抵御室外不利环境影响的第一道屏障，因此，严寒地区村镇新型民居的节能设计主要是解决外围护结构的节能问题。

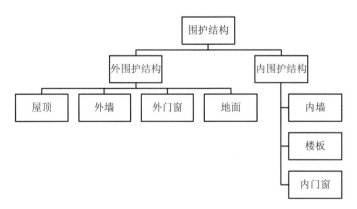

图 3.1　围护结构分类与组成

3.1.2　围护结构节能途径

建筑物的耗热量由围护结构的传热耗热量和通过门窗缝隙的空气渗透耗热量两部分组成。因此，为了达到降低采暖能耗、节约能源的目的，围护结构的节能途径可从两个方面考虑：

① 提高围护结构保温性能，降低传热系数。村镇民居体形系数较大，导致通过围护结构的散热量比城市建筑大得多，所以围护结构的保温设计是保证室内热环境质量和节能设计的重点。

② 增强建筑气密性，减少冷风渗透的影响。

3.1.2.1 提高围护结构的保温性能

传热系数是反映围护结构保温性能的重要指标。传热系数（K）是指在稳定传热条件下，围护结构两侧空气温差为 1 K，即单位时间内通过单位面积的传热量。围护结构的传热系数越小，其保温性能就越好，因此提高围护结构保温性能的主要方法就是尽可能地降低传热系数。我国《农村居住建筑节能设计标准》（GB/T 50824—2013）中对严寒地区农村居住建筑围护结构各部分的传热系数限值做了明确规定（表 3.1）。

表 3.1　严寒地区农村居住建筑围护结构各部分的传热系数限值 [15]

围护结构部位	外墙	屋面	吊顶	外窗		外门
				南向	其他向	
传热系数限值 / ($W \cdot m^{-2} \cdot K^{-1}$)	0.50	0.40	—	2.2	2.0	2.0
		—	0.45			

3.1.2.2 增强建筑的气密性

气密性是建筑门窗的主要物理性能，是指外门窗在正常关闭状态时，阻止空气渗透的能力，以单位开启缝长空气渗透量和单位面积空气渗透量作为分级指标。

在严寒地区村镇民居中，通过门窗和其他缝隙的空气渗透耗热量约占建筑物耗热量的 25%~30%，提高门窗和其他缝隙的气密性，将换气次数由 1 次 /h 降至 0.5 次 /h，建筑物耗热量可降低 20% 左右，可见建筑的气密性对建筑能耗有显著的影响。

我国《农村居住建筑节能设计标准》（GB/T 50824—2013）中规定：外门、外窗的气密性等级不应低于现行国家标准《建筑外门窗气密性、水密、抗风压性能分级及检测方法》（GB/T 7106—2008）规定的 4 级（表 3.2）。

表 3.2　建筑外门窗气密性分级 [15]

分级	1	2	3	4	5	6	7
单位缝长分级指标值 q_1/ ($m^3 \cdot m^{-1} \cdot h^{-1}$)	$4.0 \geqslant q_1 > 3.5$	$3.5 \geqslant q_1 > 3.0$	$3.0 \geqslant q_1 > 2.5$	$2.5 \geqslant q_1 > 2.0$	$2.0 \geqslant q_1 > 1.5$	$1.5 \geqslant q_1 > 1.0$	$1.0 \geqslant q_1 > 0.5$
单位面积分级指标值 q_2/ ($m^3 \cdot m^{-2} \cdot h^{-1}$)	$12 \geqslant q_2 > 10.5$	$10.5 \geqslant q_2 > 9.0$	$9.0 \geqslant q_2 > 7.5$	$7.5 \geqslant q_2 > 6.0$	$6.0 \geqslant q_2 > 4.5$	$4.5 \geqslant q_2 > 3.0$	$3.0 \geqslant q_2 > 1.5$

3.1.3　围护结构常用保温材料

严寒地区村镇地处我国北方地区，经济水平中等偏下、技术水平较低、交通不够便利，因此在材料的选择上受到一定的制约。村镇新型民居建设在材料选择时应遵循以下原则：就地取材或易于购得、造价低廉、施工技术简单且不需要大型机械吊装。保温节能材料可以分为两类：板材材料和砌块材料。板材材料在围护结构保温构造中发挥着重要的作用，表3.3列出了适合严寒地区村镇使用的常用保温材料及性能，表3.4提供了适合严寒地区村镇使用的节能砌块材料及性能。

表3.3 适合严寒地区村镇使用的常用保温材料及性能

保温材料名称	性能特点	应用部位	主要技术参数	
			密度 ρ_0/ ($kg \cdot m^{-3}$)	导热系数 λ/ ($W \cdot m^{-2} \cdot K^{-1}$)
模塑聚苯乙烯泡沫塑料（EPS）板	质轻、导热系数小、吸水率低、耐水、耐老化、耐低温，抗压强度比XPS低	外墙、屋顶	18～22	≤0.041
挤塑聚苯乙烯泡沫塑料（XPS）板	保温效果较EPS好，抗压强度较高，耐水性比EPS好	屋顶、外墙、地面	25～32	≤0.030
草砖	用稻草或麦草制成，干燥时质轻、保温性能好，但耐潮、耐火性差，易受虫蛀	框架结构填充外墙体	83.2～132.8	0.057～0.072
草板	用稻草或麦草制成，干燥时质轻、保温性能好，就地取材。但需注意防潮、防火、防虫蛀	非承重墙板、复合墙体夹心层、屋顶	83.2～132.8	0.057～0.072
憎水珍珠岩板	质量轻、保温性能好、憎水性能优良、施工方法简便快捷	屋顶、墙体	200	0.07
膨胀珍珠岩	防火性能好，但吸水率高，耐水性差，应注意防潮	屋顶	200～350	0.056～0.087
稻壳、木屑	利用农作物废弃料，价格便宜，但可燃，受潮后保温效果降低。需注意防潮、防火、防虫蛀	屋顶	100～250	0.047～0.093
炉砟	价格便宜、耐腐蚀、耐老化	地面	1 000	0.29

表 3.4 适合严寒地区村镇使用的节能砌块材料及性能

材料名称	性能特点	用途	主规格尺寸/（mm×mm×mm）	主要技术参数 干密度 ρ_0/（kg·m^{-3}）	主要技术参数 当量导热系数 λ/（W·m^{-2}·K^{-1}）
烧结非黏土多孔砖	以页岩、煤矸石、粉煤灰等为主要原料，经焙烧而成的砖，孔洞率大于15%，孔尺寸小而数量多，相对于实心砖，减少了原料消耗，减轻墙体自重，增强保温隔热性能及抗震性能	可用于承重墙，砌筑时以竖孔方向使用	240×115×90	1 100~1 300	0.51~0.682
烧结非黏土空心砖	以页岩、煤矸石、粉煤灰等为主要原料，经焙烧而成的砖，孔洞率大于35%，孔尺寸大而数量少，孔洞采用矩形条孔或其他孔型，且平行于大面和条面	可用于非承重的填充墙体	240×115×90	800~1 100	0.51~0.682
普通混凝土小型空心砌块	以水泥为胶结料，以砂石、碎石或卵石、重矿渣等为粗骨料，掺加适量的掺合料、外加剂等，用水搅拌而成	可用于承重墙或非承重墙及围护墙	390×190×190	2 100	1.12（单排孔）；0.86~0.91（双排孔）；0.62~0.65（三排孔）
加气混凝土砌块	与一般混凝土砌块比较，具有大量的微孔结构，质量轻，强度高。保温性能好，本身可以做保温材料，并且可加工性好	可用于非承重墙及围护墙	600×200×200	500~700	0.14~0.31

3.2 外墙保温节能设计

外墙是建筑物的竖向围护构件，抵御自然界各种因素对建筑的侵袭，严寒地区村镇民居以单层独栋式为主，所有外墙均与室外大气接触，受气候环境变化的影响较大。抽样计算表明，村镇民居外墙的传热耗热量占建筑总耗热量的百分比高达40%[19]，可见对农村民居外墙进行保温与节能设计至关重要。

3.2.1 墙体节能构造概述

外墙节能构造主要分为单一材料墙体和复合材料墙体两种类型（图 3.2）。单一材料墙体是采用一种材料砌筑的墙体，其最大的优点是材料单一，便于施工。单一材料墙体又分两类：一类为多孔砖、空心砖、混凝土砌块等，不但可以承重，而且具有较好的保温隔热性能，可用于低层建筑的承重墙；另外一类为框架结构承重，墙体自身并不承重，只起到围合空间和保温的作用。复合材料墙体是由两种及以上材料组成的，一般由砌体材料和保温材料两部分组成。根据保温层的位置不同可分为三种形式，即外保温墙体、内保温墙体和夹心保温墙体。

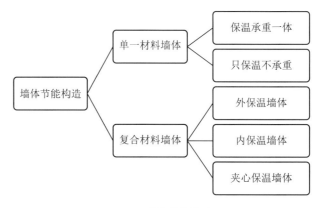

图 3.2 墙体节能构造

传统民居多采用单一材料墙体，但近年来随着经济技术的发展、农民生活水平的提高及建筑节能的宣传与贯彻实施，复合材料墙体已成为严寒地区村镇民居广泛采用的墙体类型。表 3.5 列举了适合严寒地区村镇民居使用的外墙保温构造做法。本章选出三类具有推广价值的适宜节能构造做法，并给出了具体的实施步骤。

表 3.5 外墙保温构造做法

序号	名称	构造简图	构造层次
1	多孔砖墙 EPS 板外保温		1—内饰面 2—240 mm 厚多孔砖墙 3—水泥砂浆找平层 4—胶黏剂 5—EPS 板保温层 6—双层 8 mm 厚抗裂砂浆耐碱玻纤网格布 7—外饰面
2	混凝土空心砌块 EPS 板外保温		1—内饰面 2—190 mm 厚混凝土空心砌块 3—水泥砂浆找平层 4—胶黏剂 5—EPS 板保温层 6—双层 8 mm 厚抗裂砂浆耐碱玻纤网格布 7—外饰面
3	混凝土空心砌块 EPS 板夹心保温		1—内饰面 2—190 mm 厚混凝土空心砌块 3—EPS 板保温层 4—90 mm 厚混凝土空心砌块 5—外饰面

续表 3.5

序号	名称	构造简图	构造层次
4	非黏土实心砖（烧结普通页岩、煤矸石砖）	EPS 板外保温	1—内饰面 2—240 mm 厚非黏土实心砖 3—水泥砂浆找平层 4—胶黏剂 5—EPS 板保温层 6—双层 8 mm 厚抗裂砂浆耐碱玻纤网格布 7—外饰面
		EPS 板夹心保温	1—内饰面 2—240 mm 厚非黏土实心砖墙 3—EPS 板保温层 4—120 mm 厚非黏土实心砖墙 5—外饰面
5	草砖墙		1—混合砂浆两道（掺入麻刀等纤维） 2—金属网 3—草砖 4—金属网 5—混合砂浆两道（掺入麻刀等纤维）
6	草板夹心墙		1—内饰面 2—120 mm 厚非黏土实心砖墙 3—塑料薄膜 4—草板保温层 5—40 mm 厚空气层 6—240 mm 厚非黏土实心砖墙 7—外饰面
7	草板内保温墙		1—石膏板 2—塑料薄膜 3—草板保温层 4—40 mm 空气层 5—240 mm 厚非黏土实心砖墙 6—外饰面
8	草板墙		1—内饰面 2—60 mm 厚纸面草板 3—60 mm 厚岩棉 4—60 mm 厚纸面草板 5—外饰面

注：① 保温材料厚度应按照所在地区进行热工计算决定。
② 采用夹心保温墙体，当建筑为连续供暖方式时，保温层应设置在靠近室外一侧；当建筑为间歇供暖方式时，保温层应设置在靠近室内一侧

3.2.2 EPS 板外保温墙体

外墙外保温，即将保温材料设置于墙体靠室外低温一侧，将容重大、质地密实的砖或砌块、砌体设于室内一侧，适用于严寒地区村镇新型民居设计及既有民居的节能改造（图 3.3）。其特点如下：对建筑主体结构起保护作用，减少了外界自然条件（如温湿度、风、雨等）对主体结构的影响，延长建筑寿命；保温材料设于建筑物室外低温一侧，基本消除了"热桥"的影响，减少了墙体内部产生凝结水的可能性，墙体内部潮湿情况得到改善；与传统砖墙比，提高了使用面积利用系数；有利于连续供暖建筑冬季室内温度的热稳定性；

图 3.3　EPS 板外保温墙体节能民居

但如果墙体外饰面处理不好容易开裂。本节以 EPS 板外保温墙体为例进行具体的构造及施工步骤分析。

3.2.2.1　墙体构造

（1）主体墙构造。

由表 3.6 可知，EPS 板外保温墙体构造由室内到室外依次为：内饰面、结构层、黏结层、保温层、增强防护层、面层，其构造示意如表中图所示，其中保温层的厚度根据地方节能要求计算确定。

表 3.6　EPS 板外墙外保温墙体构造组成

构造组成					
1 内饰面	2 结构层	3 黏结层	4 保温层	5 增强防护层	6 面层
结合室内装修	砌体墙	黏结胶浆	EPS 聚苯板	抹面砂浆复合耐碱网格布	根据装修要求选择

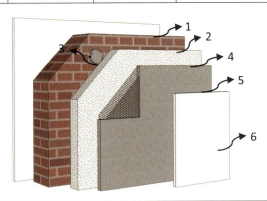

（2）特殊节点构造。

外保温墙体在墙体的阴阳角处的饰面层容易开裂，因此阴阳角处的增强防护层要增加一层网格布。阳角处，附加网格布宽 400 mm；阴角处，附加网格布宽 200 mm，具体做法如图 3.4 所示。

为了避免 EPS 板的阳角处开裂，门窗洞口处的网格布应翻包，翻包后的网格布还需要在室外一侧使用长 400 mm、宽 200 mm 的网格布倾斜 45°覆盖在翻包出的网格布处，以避免翻包的网格布边缘开裂，具体做法如图 3.5 所示。

此外，在墙体的转角处也要特别注意，设计时应先排好尺寸，按所需尺寸裁剪保温板，保温板应垂直交错互锁，保证拐角处的板材垂直完整（图 3.6）。门窗洞口处的保温板应采用整块裁出的保温板做洞口角，不得拼接。

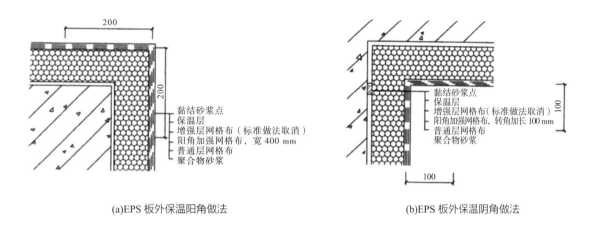

图 3.4　EPS 板外保温墙体阴阳角做法[20]

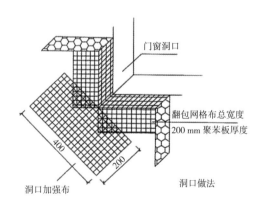

图 3.5　窗洞口网格布翻包[20]

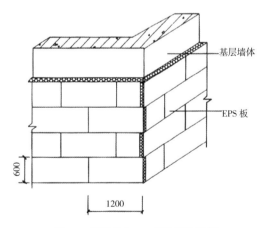

图 3.6　墙转角处 EPS 板的搭接图[20]

3.2.2.2 施工过程

外保温墙体施工时应该注意以下几个方面:

(1) 保温层施工前,门窗框或附框应安装完毕,伸出墙面的落水管、空调器等预埋件、连接件等应安装完毕,并按外保温系统厚度留出间隙。

(2) 施工现场环境温度和基层(或找平层)表面温度,在施工中及施工后24 h内不得低于5 ℃,5级以上大风和雨天不得施工。

(3) 夏季施工时,施工面应避免阳光直射,必要时在脚手架上设临时遮阳设施,避免由于阳光直射造成EPS板老化。

(4) 在施工过程中所采取的保护措施,应待泛水、密封膏等永久性保护按设计要求施工完毕后拆除。

外保温墙体施工过程可分解为:材料准备、基层处理、粘贴保温板、铺设网格布、抹罩面砂浆等,具体施工步骤见表3.7。

表 3.7 EPS板外保温墙体施工步骤分解说明

图示	说明
	选择 EPS 板 使用 1 200 mm×600 mm 或 900 mm×600 mm 标准尺寸,当使用非标准尺寸聚苯板时,进行剪裁加工,长短边要垂直
	配制黏结砂浆 将普通 32.5 硅酸盐水泥与中细石英砂或含泥量小于 2% 的中细河沙或石英砂,按 2:1 的比例(质量比)混合均匀,倒入黏结剂按(0.3~0.4):1 的比例(质量比)配制,黏稠度适中
	剪裁网格布 网格布:选用耐碱网格布,根据工作面的要求剪裁网格布,标准网格布应留不少于 100 mm 的搭接长度

续表 3.7

图示	说明
	基层墙面处理 整面外墙用 1:3 水泥砂浆找平，表面不压光，用 2 m 靠尺检查最大偏差应小于 4 mm 基层墙面处理及找平层应干燥并已验收合格才能粘贴 EPS 板
	抹底层罩面砂浆：点框粘法 沿保温板四周涂敷宽 50 mm、厚 5～7 mm 的梯形带状黏结砂浆，涂 6～8 块厚 5～7 mm、直径为 100 mm 的点状物，均匀分布在板中间；外饰面为涂料时，黏结剂混合物与保温板粘贴面积之比不小于 30%；外饰面为瓷砖时，需加锚固件
	抹底层罩面砂浆：条粘法 黏结砂浆按水平方向均匀不间断地抹在保温板上，黏结砂浆条宽 10 mm，厚 5 mm，间距 50 mm
	粘贴聚苯板 保温板自下而上沿水平方向横向铺贴 不得在板缝碰头处抹混合物砂浆，当板缝间隙大于 2 mm 时，应用保温板条填实后磨平
	苯板打磨 保温板接缝不平处，应用砂纸磨平，后将整个墙面打磨，打磨动作为柔和的圆周方向

续表 3.7

图示	说明
	安装锚栓辅助固定件 保温板黏结牢固 24 ~ 48 h 后，安装固定件 安装步骤：电锤钻孔后塞入锚栓，用锤将锚栓敲入，最后用螺丝刀拧紧，要求锚栓构建圆盘与保温板表面取平或略拧入一些
	铺设网格布和抹面层施工 采用两道抹面胶浆的施工方法：先用抹子在保温板表面涂抹一层面积略大于网格布的抹面胶浆（厚度约为 2 mm） 将网格布压入湿的抹面胶浆中，砂浆凝固至表面不粘手时，涂抹第二道抹面胶浆（厚度以盖住网格布为准，约 1 mm），使总厚度在 3 mm ± 0.5 mm。抗裂防水面层抹平即可，不得收浆压光

3.2.3 植物纤维材料夹心保温墙体

夹心保温墙体是将保温材料放在两层砌体中间，可以充分发挥各种材料的优势，适用于严寒地区村镇新型民居的设计与建造。其特点如下：保温层夹在砌体中，不存在饰面层与保温材料的连接问题，墙体的耐久性较好；有利于村镇民居供暖方式的冬季室内热环境；但在设计中应采取一定的措施避免墙体中出现热桥和产生凝结水，图 3.7 是黑龙江省大庆市林甸县建设的草板夹心保温民居，在本书的第 4 章会对此案例进行详细的介绍。

图 3.7 黑龙江省大庆市林甸县草板夹心保温住宅

3.2.3.1 墙体构造

（1）主体墙构造。

夹心保温墙体由外叶墙、内叶墙和保温层三部分组成。外叶墙与内叶墙起到结构层和保护层的作用，保温层起保温节能的作用。对于夹心构造，首先要确定结构层与保温层的位置，严寒地区农村民居的采暖方式多为户式间歇式供热，采暖时间与炊事时间一致，主要集中在 4:00 到 6:00 和 16:00 到 18:00 之间，采暖设施为火炕和土暖气（图 3.8）。间歇式采暖供热要求在用户开始采暖后能以较少的能量使室温迅速上升到所需要的标准，达到其热舒适要求，因此对于以燃柴为主、以火炕为采暖方式的间歇供暖的村镇民居应将蓄热系数小的轻质高效保温材料放置在靠近室内一侧，将结构层布置在靠近室外一侧[21]，草板夹心保温墙体具体构造与图示见表 3.8。

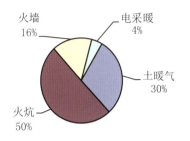

图 3.8　采暖方式类型比例分布

表 3.8　草板夹心保温墙体构造与图示

构造组成					构造示意图
1 结构层（外叶墙）	2 聚湿层	3 保温层	4 隔汽层	5 保护层（内叶墙）	
砌体墙	空气层	聚苯板、植物纤维板等	塑料薄膜	砌体墙	

夹心保温墙体宜为板状的保温材料，可以选择 EPS 板等。严寒地区是我国农业生产基地，稻草、芦苇等产量丰富，这些材料可用于制作草板，草板填充到墙体中可起到保温的作用，并具有独特的优势，如价格低廉、制作简单、方便在当地建厂生产等，适合在严寒地区村镇民居中使用。草板厚度为 70 mm、宽度为 1 200 mm，可拼装成单层或双层，它的质量仅为黏土砖的 1/6 ~ 1/8，可大大减轻结构荷载[25]。因此，本节以草板夹心保温墙体为例进行具体的构造及施工步骤分析（图 3.9）。

图 3.9　草板夹心保温墙体

（2）特殊节点构造。

①防潮。

草板不具备憎水性能，一旦进水受潮会导致保温材料的腐烂，同时大大降低保温效果。因此，草板夹心保温墙体的防潮措施至关重要，为了保持草板的干燥，需要从"防"和"排"两个方面解决。

草板受潮主要是由于冬季采暖建筑室内水蒸气分压力远大于室外，在室内外水蒸气分压力梯度作用下，室内的热湿气体穿越保护墙，侵蚀草板。因此，夹心复合墙体应在草板和保护墙（内叶墙）之间铺设连续塑料薄膜防潮层，其次采取排湿措施，在承重墙与保温层之间应加设40 mm的空气层（即引湿层），且在外墙上设透气孔，透气孔水平和竖向间距不大于1 000 mm，呈梅花形布置，如图3.10所示。由于草板是植物纤维材料，应防止虫害侵蚀保温层，所以在透气孔的外入口应设置铁丝网，防止虫害进入墙体。同时，墙面装修宜采用具有透气功能的石灰砂浆抹面。

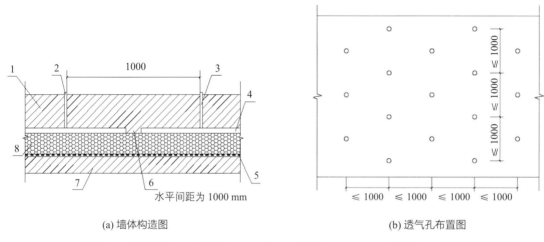

1—240 mm 砖墙；2—细铁丝网；3—直径为20 mm的PVC透气口；4—40 mm 空气层；5—塑料薄膜防潮层；
6—挑砖；7—120 mm 砖墙；8—保温层（非憎水材料）

图3.10 草板夹心保温墙体防潮构造

②保温。

草板夹心保温墙体在墙体门窗过梁、外墙与屋顶交界及外墙与地面交界等处容易出现热桥，加强对这些部位的保温处理是非常必要的。应在保证窗过梁承重的前提下，将窗过梁断开，并填充保温材料以切断热桥，但为了保证结构的整体性，在两个小梁之间用钢筋拉接；对于其他热桥，如地面与外墙交接及外墙与屋顶交接处，采用聚苯乙烯泡沫板切断热桥，以保证保温的连续性（图3.11）。

③整体性。

夹心保温墙体与单一材料墙体相比，其结构的整体性与稳定性相对要差一些，必须在内外两层砖砌体之间设可靠的拉结，因此在砌体之间每500 mm间距设拉结筋，以增加墙体的整体稳定性（图3.12）。

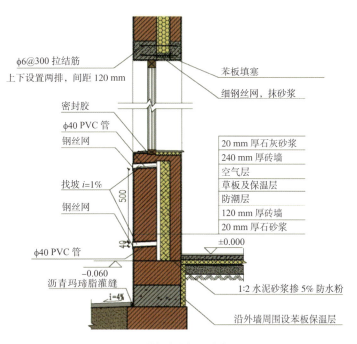

图 3.11 草板夹心保温墙体构造

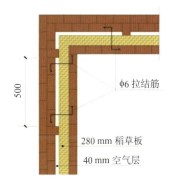

图 3.12 夹心保温墙体拉结构造

3.2.3.2 施工过程

由于夹心保温墙体外叶墙与内叶墙之间需要设置拉结措施，因此在施工时，应按照标高 500 mm 为一段，分阶段施工。施工时应该注意以下几个方面[23]：

（1）外叶墙与内叶墙必须同步砌筑成整体，每步砌筑高度 500 mm 为宜；

（2）外叶墙的内侧应将砂浆刮平勾缝，竖缝砂浆饱满，底层落地灰清理干净；

（3）夹心墙体砌筑宜采用内脚手，墙体中不宜预留孔洞和设脚手架孔；

（4）四道工序一个循环过程必须连续作业，使内外叶墙达到同一标高，并设拉结筋。雨季施工应有防雨措施，防止雨水进入保温层里。

夹心保温墙体施工工序如图3.13所示，工序1是施工第一阶段，第1步砌筑外叶墙，高度不超过500 mm，第2步在外叶墙内侧固定草板，第3步砌筑内叶墙，然后在墙体断面处固定钢筋和钢筋网。工序2第4步到第6步是工序1的重复，如此反复直到设计的墙体高度。

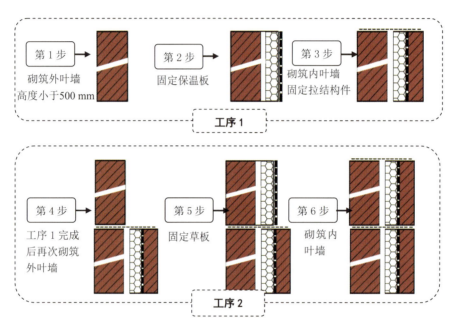

图3.13　夹心保温墙体施工工序

3.2.4　植物纤维材料自保温墙体

植物纤维材料自保温墙体是把稻草等植物秸秆压制成块状作为保温材料的一种墙体形式，属于单一材料墙体，这样的房屋也称为草砖民居，图3.14为黑龙江省大庆市林甸县建设的草砖民居。草砖房在美国已经有上百年的历史，它的耐久性已经得到充分的证实，在我国北方地区的农村也得到了初步的推广。草砖施工流程不复杂，经过简单培训后，当地农民都可以操作，而且造价低廉，在经济性上有独特的优势，适合在经济欠发达地区应用。

3.2.4.1　墙体构造

（1）主体墙构造。

草砖由干稻草经过打包机挤压成型而成，使用8号金属丝捆绑固定（图3.15）。草砖常用规格为长89～102 cm，宽46 cm，高35 cm，草砖房结构必须考虑到所要使用的草砖规格，尤其是高度和宽度，草砖的长度可以调节，高度和宽度取决于捆扎机，局部特殊尺寸的草砖也可以根据需要切割（图3.16）。

图 3.14　黑龙江省大庆市林甸县的草砖民居

图 3.15　草砖

图 3.16　切割草砖

草砖房的承重结构分为两类：一类以框架结构承重，草砖自身并不承重，只起到围合空间和保温的作用；另一类草砖同时起到承重和保温的作用。目前在我国建设的草砖房均为第一类——承重与保温分离，即由钢筋混凝土框架和草砖组成，具体构造组成见表 3.9。

（2）特殊节点构造。

① 保温。

草砖墙易在圈梁、门窗过梁、框架柱等部位存在热桥，需要做局部的保温处理，保温材料可选择 EPS 板（图 3.17）。

表 3.9　草砖墙体构造组成

构造组成			
1 填充墙	2 承重柱	3 地圈梁	4 圈梁
植物纤维保温块（草砖）	钢筋混凝土	钢筋混凝土	钢筋混凝土

② 防火。

草砖墙需要加强防火处理，应注意两方面：电火与炊事的明火。电线的防火处理：沿草砖墙或穿过草砖墙的电线必须穿在套管中（图 3.18）。明火防火处理：炉灶和火炕等热源应远离草砖墙体，并应设有一定的隔离，在砖砌烟囱的外侧应抹一层灰。

图 3.17　草砖墙热桥保温处理　　　　图 3.18　草砖墙防火保护

③ 防潮。

草砖防潮做法主要有两种：构造防潮和材料防潮。构造防潮是通过围护结构构造做法来达到防潮的目的，如：屋檐出挑 500 mm 以防止雨水在草砖墙表面冲刷（图 3.19）；材料防潮主要靠防水材料来阻挡雨水的侵入，从而使墙体保持干燥状态,因此应在墙体水平面位置,如窗台等部位设置防潮层,具体措施如下:窗台底部铺一层油毡,油毡需盖在整块草砖的水平面并下垂于草砖的外侧约 300 mm,油毡的两边翘起 150 mm,以防窗台上的水沿窗台水平地渗入草砖,油毡上层设铁丝网砂浆。外窗台向窗外斜,且设有渗水槽或滴水槽,使水流向窗外(图 3.20)。此外,还应在稻草制品外抹一层连续的灰泥,以防止湿气渗入墙体内部。

草砖墙完工之后要定期维护。抹灰层上的裂缝至少每年补一次,能渗入水的裂缝应立即修补(图 3.21)。修复水泥抹灰中细小的裂纹时,可将水泥装入旧丝袜中,在裂纹处轻拍,再喷上适量的水即可(图 3.22)。如果是石灰抹灰层,每 2 ~ 7 年应重新用灰膏粉刷一次,具体的年限取决于被侵蚀程度,当罩面底层的抹灰层全暴露时(从颜色上判断,通常是灰色或暗红色),应重新粉刷。在夏季,要避免在墙附近堆放物品,否则阻碍草砖墙向外散发潮气。

④ 整体性。

由于草砖是填充材料,需要解决它和承重结构的连接问题,可将草砖块与圈梁、承重柱和基础梁连接的位置用十四号铁丝或者尼龙绳绑扎固定,间距 500 mm。为加强草砖墙的整体性,同时减少连接位置表面砂浆层开裂,草砖与其他材料连接部位应采用铁丝网覆盖。此外,由于草砖本身的特性,其饰面处理不好容易开裂。因此,建议抹灰层的材料采用混合砂浆掺纤维或者掺干草,可以增加抹灰层砂浆的韧性,克服因收缩率不同引起的表面开裂状况。

3.2.4.2 施工过程

草砖房的施工过程主要步骤为:砌筑基础、浇筑框架、填充草砖、草砖防潮、填充草砖、草砖墙加固和表面抹灰。具体施工见表 3.10。

图 3.19 草砖墙防水措施

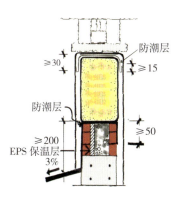

图 3.20 草砖墙窗台防潮

图 3.21 草砖墙表面裂缝

图 3.22 修补裂缝

Energy-saving Design of New-type Dwellings for Villages and Towns in Severe Cold Regions

表 3.10 草砖房施工过程分解

图示	说明
	砌筑基础 基础一般是由混凝土浇筑而成的，根据当地情况也可用石块或黏土代替 严寒地区的基础必须延伸到霜冻线以下
	浇筑框架 草砖房框架尺寸及配筋应根据屋面荷载进行计算确定 水泥出厂不得超过三个月，混凝土应控制水灰比，浇筑前应清除模板上的杂物 柱和圈梁可用多种材料——木材、混凝土、砖等
	草砖防潮 草砖墙的基础必须超出周围地面 200 mm 草砖墙底部与基础之间必须有防潮层。在基础与草砖墙之间砌 200 mm 砖槽，用炉灰砟或河卵石等物填充，并在两侧砖槽上铺油毡纸
 	填充草砖 第一块草砖应该与基础持平，并从墙角和固定的一端（门和窗）开始砌草砖 在门框和窗框旁，应使用整块和半块的草砖，将填草砖的部位留在墙中央 草砖之间应用泥浆黏合，以保证墙体的稳固性 每一道垂直的缝不应高过一道草砖

续表 3.10

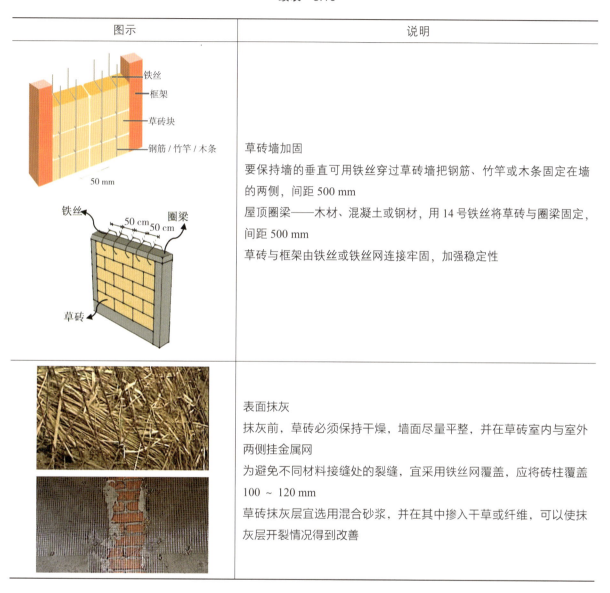

图示	说明
	草砖墙加固 要保持墙的垂直可用铁丝穿过草砖墙把钢筋、竹竿或木条固定在墙的两侧，间距 500 mm 屋顶圈梁——木材、混凝土或钢材，用 14 号铁丝将草砖与圈梁固定，间距 500 mm 草砖与框架由铁丝或铁丝网连接牢固，加强稳定性
	表面抹灰 抹灰前，草砖必须保持干燥，墙面尽量平整，并在草砖室内与室外两侧挂金属网 为避免不同材料接缝处的裂缝，宜采用铁丝网覆盖，应将砖柱覆盖 100 ~ 120 mm 草砖抹灰层宜选用混合砂浆，并在其中掺入干草或纤维，可以使抹灰层开裂情况得到改善

3.3 屋顶保温节能设计

屋顶是建筑物顶部的房屋最上层的水平围护构件结构，主要功能是抵御雨雪、风、太阳辐射等因素对房间的侵袭，使屋顶下的空间有一个舒适的物理环境。村镇民居因其"上有天，下有地"的特点，每户均有屋顶，且通过屋顶向室外散发热量的比例相对较大。抽样计算可知，严寒地区多层民居屋顶的传热耗热量约占民居总耗热量的 10%，而村镇民居屋顶的传热耗热量占民居总耗热量的 20% 以上，可见对村镇民居屋顶的节能设计非常必要。在严寒地区，村镇民居建筑的屋顶形式主要有平屋顶（图 3.23）和坡屋顶（图 3.24）两种形式，坡屋顶以双坡屋顶为主，部分少数民族地区民居也有四坡屋顶。

图 3.23 平屋顶

(a)

(b)

图 3.24 坡屋顶

3.3.1 坡屋顶保温节能构造

通过对严寒地区村镇的调研发现，90% 以上的民居为坡屋顶，这种形式有助于冬季使积雪迅速排下屋顶，避免积雪积压对屋顶荷载产生影响。坡屋顶承重结构有屋架承重和钢筋混凝土板承重两种，根据严寒地区村镇的经济条件、技术水平及地方材料特点，屋架承重方式是较适宜于村镇民居建设的一种形式。

3.3.1.1 屋顶构造

由表 3.11 可知，坡屋顶保温构造由室外到室内依次为：面层、防水层、结构层、保温层、隔汽层、吊顶层，其中保温层的厚度根据地方节能要求计算确定。

表 3.11 严寒地区村镇民居坡屋顶保温构造

构造组成					
1 面层	2 防水层	3 结构层	4 保温层	5 隔汽层	6 吊顶层
瓦、金属薄板	高聚物改性沥青油毡、高分子防水卷材	木屋架、钢屋架	EPS 板、草木灰、膨胀珍珠岩、稻壳、锯末	塑料薄膜	结构层：秸秆板、苇草板、木板 面层：石膏板、塑料扣板、铝合金吊顶

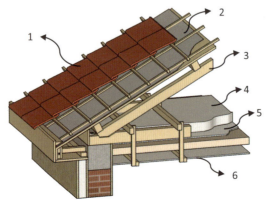

（1）面层。

屋面最外层材料以瓦为主（图 3.25），约占 43%（表 3.12），随着近年来农村生活水平的提高，彩钢板和金属屋面（图 3.26）也有一些应用，使用比例为 28%。剩余 29% 中一部分为碱土屋面，一部分为草屋面，一部分为油毡屋面（图 3.27）。屋面瓦多为黏土瓦，在农村当地的砖窑烧制。从耐久性看，彩钢板和金属屋面的使用时间最长，而且维修次数较少，其次是瓦屋面。草屋面的成本最低，但是每年都需要维修，不方便使用。彩钢板和金属屋面的安全性最好，瓦屋面和草屋面抵御飓风的能力较差。

表 3.12 屋面材料

屋面材料	瓦屋面	碱土、草	金属
所占比例	43%	29%	28%

图 3.25 瓦屋面

图 3.26 金属屋面

图 3.27 草屋面

（2）结构层。

坡屋顶的承重结构为屋架，大部分为人字形木屋架（图 3.28）。屋顶主梁与次梁形成网格置于圈梁上，圈梁上放置棚板，棚板（图 3.29）的材质稍有不同，有稻草板、苇板和木板。北方的传统做法是在板材上铺一层厚约 200 mm 的碱土，碱土层有密封兼保温的作用，这种做法在农村称为"黑天棚"。

图 3.28 屋架

图 3.29 棚板

（3）保温层。

坡屋顶保温构造按照保温材料的位置分为两种：一是保温层放置在吊顶内；二是保温层放置在屋架上。两种做法相比较，第一种对保温材料类型不受限制，第二种只能采用板状保温材料。从节能角度看，坡屋顶安装吊顶可以使屋顶层增加一个保温空间（闷顶），从而降低建筑采暖能耗，有利于节约能源。因此，村镇民居的坡屋顶宜采用屋架承重的吊顶保温构造做法。

吊顶保温材料可以选用板状保温材料，如 EPS 板、XPS 板、草板等，也可以选用散状保温材料，如膨胀珍珠岩颗粒、稻壳、木屑、干草等。

① 板状保温材料。板状材料保温层的基层应平整、干燥和干净，保温材料应紧靠在需保温的基层表面上，并应铺平垫稳。分层铺设的板块上下层接缝应相互错开，板间缝隙应采用同类材料嵌缝密实（图 3.30）。

② 散状保温材料。散状材料保温层的基层应平整、干燥和干净，散状保温材料应分层铺设并压实，同时应保证屋面与天花板之间具有良好的气密性，防止冬季风将保温材料吹到一角，严重影响局部的保温效果，也可在棚板承重允许的条件下，在散状保温材料的上部利用炉砟、黏土等压实（图 3.31）。

图 3.30　苯板保温层

图 3.31　稻壳保温层

（4）隔汽层。

严寒地区冬季，村镇民居室内的潮气将由室内向室外运动，一部分潮气通过顶棚散发，当保温材料采用非憎水材料时，应采取一定的防潮设施，防止保温层受潮，如在保温层下设置隔汽层等。

3.3.1.2　施工过程

坡屋顶保温构造的施工过程可分为以下几个主要步骤：吊装屋架、安装顶棚、铺设保温层、安装屋面层、安装吊顶龙骨、安装室内吊顶，具体施工过程见表 3.13。

3.3.2　平屋顶保温节能构造

3.3.2.1　屋顶构造

平屋顶构造根据其防水层的位置可分为传统屋面和倒置屋面。

（1）传统屋面。

传统屋面的防水层设在保温层之下，构造层次从上至下为：保护层防水层、找平层保温层、隔湿层、找平层和结构层，即保温层包覆在结构层的上面，如图 3.32（a）所示。这种做法能有效减小外界温度变化对结构的影响，而且结构受力合理，施工方便。由于室内水蒸气能透过结构层进入保温层，产生凝结水，从而降低保温材料的保温性能，另外凝结水受热膨胀还容易使防水层起鼓破坏，导致防水层失效。因此为防止这种现象产生，除在防水层铺设时采用花铺法之外，还应采用在保温层下做隔汽层的方法，一般用和橡胶卷材配套的防水涂料涂刷 2 mm 厚；或采用在保温层上加一层砾石或陶粒作为透气层，在其上做找平层和卷材防水；也可在保温层中间做排气通道。保温层中设透气层并要留通风口，通风口一般留在檐口和屋脊处。后两种方法因构造复杂，很少采用。

表 3.13　吊顶保温坡屋顶施工过程

图示	说明
	吊装屋架 通常采用木屋架，条件允许时可选用耐久性好、承载力大的钢屋架
	安装顶棚 木屋架吊顶层应采用耐久性、防火性好，并能承受保温层荷载的构造和材料 常用材料有秸秆板、草板、苇板和木板
	铺设保温层 屋面保温层应覆盖整个屋面范围 可采用散状保温材料如稻壳、锯末或膨胀珍珠岩颗粒，或板状保温材料如苯板 保温材料为非憎水材料时，应在保温层下铺设隔汽层，可采用塑料薄膜等
	安装屋面层 屋面层材料可选择屋面瓦、彩钢板或铁皮等

续表 3.13

图示	说明
	安装吊顶龙骨 吊顶龙骨的材料取决于吊顶材质，如吊顶为塑料扣板或石膏板时可选择木龙骨，为铝合金时可选择铝合金龙骨
	安装室内吊顶 吊顶材料应根据使用房间性质选择。如厨房、卫生间应选择易于清理的塑料扣板或铝合金吊顶，卧室、起居室等宜选择石膏板作为吊顶

（2）倒置屋面。

倒置屋面是将防水层设在保温层之下的构造，构造层次从上至下为：保护层、保温层、防水层、找平层和结构层，如图3.32（b）所示，由于防水层的位置和传统的设置相反，所以也称之为倒铺屋面。这种做法必须采用吸湿低、耐气候性强的憎水保温材料，如聚苯乙烯泡沫材料等，而且上面须用较重的覆盖层压住，如混凝土块、砖等。

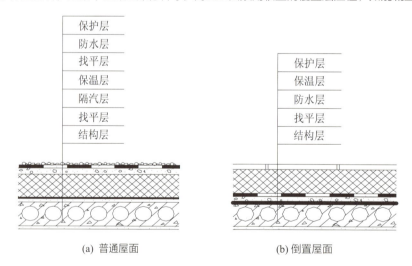

图 3.32 平屋顶保温屋面

倒置屋面与普通屋面相比较，主要有以下优点：

① 防水层不受外界气候的影响，受到保温层的保护，且避免热应力、紫外线以及其他因素对防水层的破坏。

② 如采用挤塑聚苯乙烯保温板能保持较长久的保温隔热功能，耐久性与建筑物的寿命等同。
③ 不必设置屋面排汽系统。
④ 施工快捷、简便，检修不损材料，方便简单。

可见，倒置屋面虽然造价较贵，但优越性显而易见，只是保温材料选择受限，是一种有发展前途的构造方式。当为平屋顶时，采用传统屋面与倒置屋面均可，但当屋顶具有晒台等功能时，仍以采用传统屋面构造为佳。本节以钢筋混凝土平屋面苯板外保温平屋顶为例进行分析（表3.14），具体构造层次包括保护层、防水层、找平层、找坡层、保温层、隔汽层、找平层和钢筋混凝土屋面板。

表 3.14　钢筋混凝土平屋面保温构造

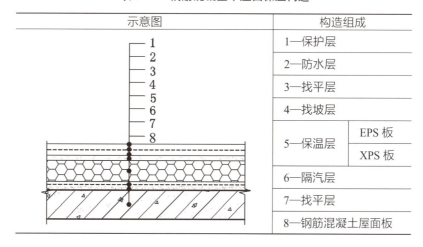

示意图	构造组成	
（见图）	1—保护层	
	2—防水层	
	3—找平层	
	4—找坡层	
	5—保温层	EPS 板
		XPS 板
	6—隔汽层	
	7—找平层	
	8—钢筋混凝土屋面板	

3.3.2.2　施工过程

平屋顶保温屋面施工过程主要包括选用成型板、基层处理、铺贴保温层、粘贴防水层和铺设保护层，主要施工过程的注意事项见表3.15。

表 3.15　平屋顶保温施工过程分解

图示	说明
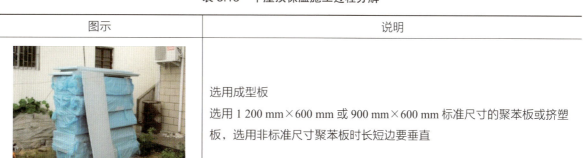	选用成型板 选用 1 200 mm×600 mm 或 900 mm×600 mm 标准尺寸的聚苯板或挤塑板，选用非标准尺寸聚苯板时长短边要垂直

续表 3.15

图示	说明
	**基层处理** 现浇钢筋混凝土屋面板：将屋面板表面清理干净，灰浆、杂物全部清除，基层应干燥
	**铺贴保温层** 分层铺设时，上、下两层板的接缝应相互错开，表面两块相邻 EPS 板 / XPS 板边厚度应一致。板间缝隙应用同类材料的碎屑填密实
	**粘贴防水层** 施工中，所选用的基层处理剂、接缝胶黏剂、密封材料等配套材料应与铺贴的卷材相容 屋面坡度小于 3% 时，卷材宜平行屋脊铺贴
	**铺设保护层** 对于非上人屋面，采用耐久性好、强度高的防水材料时，可不铺设保护层；对于作为晒台的上人屋面，应铺设保护层，如混凝土块、砖等

3.4 地面保温节能设计

地面的热工质量对人体健康的影响较大，已引起国内外建筑界和医务界的广泛重视。目前我国大量应用的普通水泥地面具有坚固、耐久、整体性强、造价较低、施工方便等优点，但是其热工性能较差，存在着"凉"的缺点，所谓"凉"表现在两个方面：一是地面表面温度较低；二是当人们在地面上瞬间或长时间停留时，地面表面从脚部吸热量较多而感觉凉。严寒地区村镇民居每户均含有地层，因此地面的保温节能设计是非常重要的。

3.4.1 地面构造

严寒地区建筑外墙内侧首层地面 0.5 ~ 1.0 m 范围内，由于冬季受室外空气及建筑周围低温土壤的影响，将有大量的热量从该部分传递出去，这部分地面温度往往很低，甚至低于露点温度，不但增加采暖能耗，而且有碍卫生，影响使用和耐久性，因此这部分地面应做保温处理。但考虑到施工方便及使用的可靠性，建议地面全部保温，这样有利于提高用户的地面温度，并避免分区设置保温层造成的地面开裂问题。

在做铺贴地面保温层之前，应先做一道防潮层，可选择聚乙烯塑料薄膜。防潮层应连续搭接不间断，搭接处采用沥青密封，且应在保温层板材交接处下方连续。保温层施工时，地面基层应平整、洁净、干燥，保温材料应分层错缝铺贴，板缝隙间应用同类材料嵌填密实。防潮层上方的板材应紧密交接、无缺口，浇筑混凝土时，将保温层周边的聚乙烯塑料薄膜拉起，以保证良好的防潮性。严寒地区村镇新型民居地面保温节能构造组成见表 3.16。

表 3.16　严寒地区村镇新型民居地面保温节能构造组成

构造组成					
1 面层	2 保护层	3 保温层	4 防潮层	5 垫层	6 基层
室内装修决定	40 厚细石混凝土保护层	XPS 板 / 炉砟	塑料薄膜（有防潮要求的房间设置）	素混凝土	素土夯实

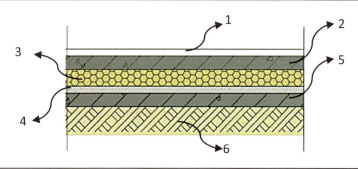

地面保温主要抵挡热量通过地面传递流失，但热量是三维方向传导的，除了水平方向的地层会流失热量，垂直方向的墙体也会传递热量。因此，室内地坪以下的垂直外墙面应增设保温层，材料宜选择 XPS 板（图 3.33）。

3.4.2 施工步骤

地面保温施工主要分为以下步骤：基础处理、浇筑混凝土垫层、铺贴塑料薄膜防潮层、铺贴保温层、水泥砂浆找平、铺设面层，具体步骤见表 3.17。

3.5 门窗保温节能设计

外门窗是建筑保温的薄弱环节，门窗的传热系数远远大于墙与屋面的传热系数，而且门窗的渗透传热量较大。因此，对门窗进行节能设计仍然是很重要的。造成门窗热损失的途径有两个：一是门窗面由于热传导、辐射以及对

Energy-saving Design of New-type Dwellings for Villages and Towns in Severe Cold Regions

流造成的热损耗；二是通过门窗缝隙冷风渗透所造成的耗热量，所以门窗的节能设计应从以上两个方面采取相应的构造措施。

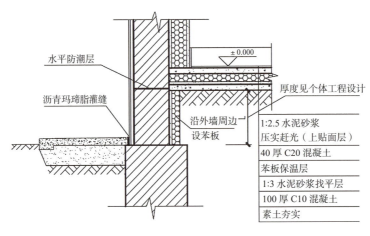

图 3.33　地面节能保温构造

表 3.17　严寒地区村镇新型民居地面保温施工过程

图示	说明
	基础处理 素土夯实
	浇筑混凝土垫层 抹水泥砂浆找平层，找平层应平整、洁净、干燥

续表 3.17

图示	说明
	铺贴塑料薄膜防潮层 铺贴保温层 保温层应紧靠在基层表面上，板缝隙间应用同类材料嵌填密实
	水泥砂浆找平 抹水泥砂浆找平层
	铺设面层 面层材料可选择地砖、地板等

3.5.1 门窗节能构造

3.5.1.1 提高保温性能

门窗的传热系数大小取于门窗的层数、框的保温性能及门窗扇自身的保温性能。严寒地区村镇新型民居的外门窗可以通过增加窗扇层数或玻璃层数、降低门窗扇与框的传热系数以及采用特种玻璃（如中空玻璃）等措施来提高门窗保温性能，以达到节能的要求。表 3.18、表 3.19 列出了适合于严寒地区村镇的门窗类型及传热系数，设计时应合理选择，如果表中所列门窗单独使用不能满足地方节能标准的要求，则应采用不同类型的组合式门窗。

表 3.18 严寒地区村镇新型民居外门选用表

门框材料	门类型	传热系数 $\lambda/(W \cdot m^{-2} \cdot K^{-1})$
木	双层木门	2.0
塑料	上部为玻璃，下部为塑料，单框双玻中空玻璃门	2.5
金属保温门	单层	2.0

表 3.19 严寒地区村镇新型民居外窗选用表

窗框型材	外窗类型	玻璃之间空气层厚度 /mm	传热系数 λ / ($W \cdot m^{-2} \cdot K^{-1}$)
塑料	单框双玻中空玻璃平开窗	6~12	3.0~2.5
	单框三玻中空玻璃平开窗	12+12	≤ 2.0
	单玻平开窗组成的双层平开窗	≥ 60	≤ 2.3
	单玻平开窗+中空玻璃平开窗组成的双层窗	中空玻璃 6~12 双层窗 ≥ 60	2.0~1.5
铝合金	单框双玻中空玻璃平开窗	6~12	5.3~4.0
	单框双玻中空玻璃断热型材平开窗	6~12	≤ 3.2
	单框三玻中空玻璃断热型材平开窗	12+12	2.2~1.8
	单玻平开窗组成的双层窗	≥ 60	3.0~2.5
	单框单玻平开窗+单框双玻中空玻璃窗组成的双层窗	中空玻璃 6~12 双层窗 ≥ 60	≤ 2.5

外墙保温层与门窗框之间的窗洞侧壁部位应做保温处理，保温材料与外墙保温材料一致，保温层厚度不小于 20 mm，以提高门窗的保温性能（图 3.34）。

此外，还应增加夜间保温措施，阻止热量从外窗流失，可选措施如下：

（1）安装保温板：保温板通常安装在窗的室外一侧，可以选用固定式或拆卸式。白天打开保温板进行采光、通风换气，夜间关闭以利于保温（图 3.35）。

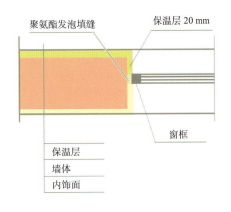

图 3.34 窗口周边保温图

3.35 窗户外侧保温板

（2）安装保温窗帘：保温窗帘常用在室内，它是将保温材料（如玻璃纤维等）用塑料布或厚布包起来，挡在门窗的内侧。为了节约造价，也可选择质地厚重的窗帘，既起到遮挡、美观的作用，也起到防风、保温的作用。

3.5.1.2 减少冷风渗透

冷风渗透会增加采暖能耗，为了保证农村居住建筑室内热环境需求和建筑节能要求，建筑外门窗必须具有良好的气密性，避免房间与外界过多的换气。根据农村居住建筑的特点，以及对门窗气密性的要求，不宜低于表 3.2 中的 4 级要求。

（1）门窗开启方式。

门窗选择时应注意开启方式，不宜选择推拉式门窗，可以选择平开式，其气密性与安全性要优于推拉门窗。节能门窗如图 3.36、图 3.37 所示。

(a) 平开窗　　　　　(b) 单框三玻中空塑钢窗　　　　(c) 推拉窗下悬窗　　　　(d) 单层窗与单框双玻中空塑钢窗

图 3.36　节能窗

(a) 双层木门　　　　　(b) 中空塑钢门　　　　　(c) 金属保温门

图 3.37　节能门

（2）采取密封和密闭措施。

门窗安装完毕后，应在室内外使用密封材料如聚氨酯发泡剂、密封膏、橡胶密封条等，对门窗框和墙体之间的缝隙、框和扇之间的缝隙等进行密封与密闭（图 3.38），不仅可以达到节能、保温效果，还可以起到隔声、防水的作用，具体密封材料应根据门窗类型及材质选择配套的材料。

采用双层窗时，内层应尽量密闭，外层则不宜过分密闭。主要考虑到冬季蒸汽渗透总是由室内向室外，若内层不密闭而外层密闭，大量蒸汽将使外层玻璃内表面结霜，从而降低天然采光效果。但如果外层窗缝隙太大，冷空气

Energy-saving Design of New-type Dwellings for Villages and Towns in Severe Cold Regions

将进入到间层中来,使外窗丧失保温能力并致使内窗内表面结露或结霜。因此,处理内、外层窗的密闭性原则应为在外层窗密闭的同时,使内层窗更密闭。

(3)减少缝隙长度。

为减少冷风渗透,可采用大窗扇,扩大单块玻璃面积以减少门窗缝隙,同时合理减少可开启窗扇的面积,在满足夏季通风的条件下,扩大固定窗扇的面积。

3.5.2 施工步骤

窗的安装步骤主要包括固定窗框、填塞缝隙、钻溢水孔、安装玻璃、密封窗框和安装五金件。表3.20给出了节能窗的安装过程,节能门的安装过程与此相同,可参考安装。

图3.38 窗口密封

表3.20 严寒地区村镇新型民居节能窗的安装过程

图示	说明
	固定窗框 安装前应注意检查窗的各项性能和规格是否符合要求,对不合格的应该更换 窗宜靠近墙体的外表面安装,使墙体尽可能减少遮挡进入室内的光线
	填塞缝隙 应采用高效保温材料填塞。应在施工现场灌注聚氨酯泡沫塑料或填塞聚乙烯泡沫塑料棒,再从内外侧用嵌缝密封膏(胶)密封
	钻溢水孔

续表 3.20

图示	说明
	安装玻璃
	密封窗框
	安装五金件

3.6 建筑围护结构节能设计要点

严寒地区新型民居外围护结构节能途径包括以下两点：
① 提高围护结构保温性能，降低传热系数；
② 增强建筑气密性，减少冷风渗透。

严寒地区新型民居外围护结构节能设计要点：

① 外墙：外墙节能构造主要分为单一材料墙体和复合材料墙体两种类型，着重介绍了 EPS 板外保温墙体、植物纤维夹心保温墙体、植物纤维材料自保温墙体 3 种具有推广价值的节能构造设计要点和施工步骤，设计时应从保温、防潮、防火、整体性等方面综合考虑。

② 屋顶：坡屋顶保温宜采取吊顶保温的形式，保温材料可以选用板状或散状材料，当采用非憎水保温材料时，应在保温层和室内之间设置隔汽层。平屋顶保温构造采用传统屋面与倒置屋面均可，但当屋顶具有晒台等功能时，应以采用传统屋面构造为佳。

③ 地面：外墙内侧地面 0.5 ~ 1.0 m 范围内应做保温处理，但考虑到施工方便及使用的可靠性，也可地面全部做保温处理，同时，室内地坪以下的垂直外墙面也应增设保温层。对于有防潮要求的房间，需在保温层下设置连续搭接不断的防潮层。

④门窗：门窗节能应从提高保温性能和减少冷风渗透两个方面考虑，可通过增加门窗扇层数或玻璃层数、降低门窗扇与框的传热系数以及安装保温板、保温窗帘等临时保温措施来提高门窗的保温性能；为了减少冷风渗透，门窗开启方式宜选择平开式，门窗缝隙应采取恰当的密封和密闭措施，同时考虑减少缝隙的长度。

第 4 章 案例解析

针对严寒地区村镇的特殊性以及建材资源和农村经济技术条件,课题组从实际使用需求出发,建设了多项节能示范民居。本章结合三项示范工程对严寒地区村镇民居节能技术的实际应用进行解析,并对建成使用后的效果进行评估,包括扎兰屯市卧牛河镇移民新村民居设计、大庆市林甸县中法合作项目草板民居、哈尔滨市通河县浓河镇富强村新型节能民居,基本概况见表 4.1。

表 4.1 案例基本信息

	建筑面积	户型	组合形式	墙体构造
案例一	122.48 m²	三室一厅	独栋	挤塑板夹心保温复合墙体
案例二	121.7 m²	两室两厅	双拼	草板夹心保温复合墙体
案例三	42 m²	一室一厅	双拼	岩棉夹心钢框架草板复合墙体

4.1 扎兰屯市卧牛河镇移民新村民居[24]

4.1.1 项目概况

项目位于我国内蒙古自治区扎兰屯市卧牛河镇,建成于 2013 年。示范工程为单层独立式民居,建筑面积为 122.48 m²,室内净高为 2.8 m,建成工程实景图如图 4.1 所示,建筑平面、立面如图 4.2 ~ 图 4.6 所示,新型民居既为村镇居民提供了一个舒适的室内环境,又节约了冬季采暖耗煤量,减少了 CO_2 的排放。同时,由于采用了高效保温材料,与传统民居相比,在保温性能相同的情况下,大大减少了建筑材料用量,节约了建造成本。

(a)   (b)

图 4.1 工程实景图

Energy-saving Design of New-type Dwellings for Villages and Towns in Severe Cold Regions

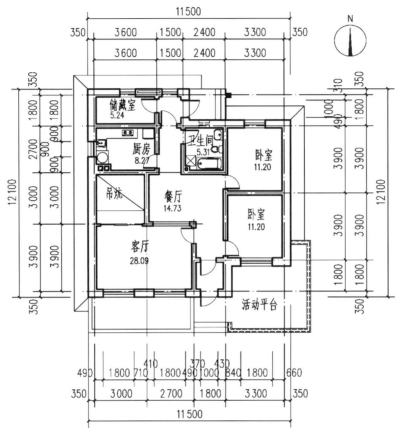

图 4.2 平面图

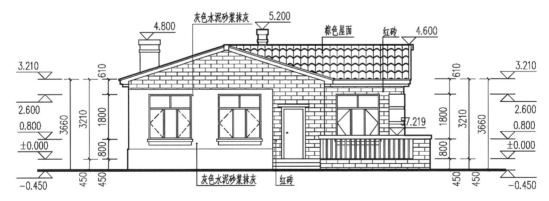

图 4.3 南立面图

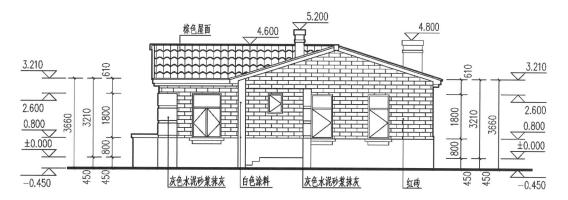

图 4.4　北立面图

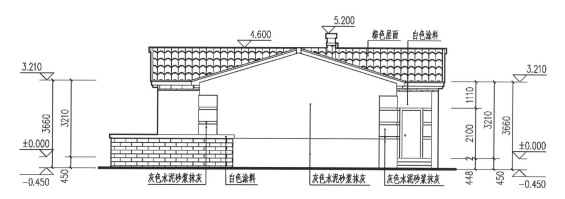

图 4.5　东立面图

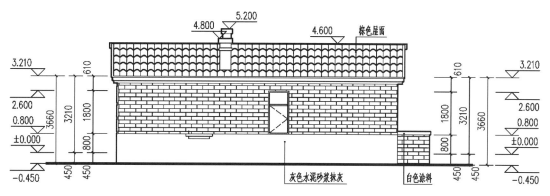

图 4.6　西立面图

第 4 章　案例解析 | 83

4.1.2 建筑节能设计

（1）建筑体形设计。

建筑平面采用接近正方形的形状，与其他形状相比，在建筑面积相同的情况下可以有效地减少外围护结构表面积，同时建筑体形避免了过多的凸凹变化，从而降低建筑物的体形系数。经过计算，新型民居的体形系数为0.74，相比传统三开间民居的体形系数降低了20%。（注：建筑北侧布置门斗和储藏室等非采暖空间有利于节能，在计算体形系数时该部分不计入其中）。

（2）空间布局设计。

为了提升居民的居住质量，新型民居增加了起居室、餐厅和卫生间等独立的功能空间。考虑到村民的生活起居习惯及民居采暖方式，将卧室与起居室相连，利用拉帘进行隔断，提高房间利用率（图4.7）；将卧室、起居室等使用频率高、室内温度要求高的主要功能区布置在南向，以最大限度地利用日照，同时南侧局部后退，为居民布置室外活动平台，并创造出丰富的建筑立面形式；储藏室、北门厅等辅助空间布置在北侧，形成"温度缓冲区"，避免北侧冷风渗透对主要功能区的影响；厨房（热源）、餐厅等空间设置在建筑的"中心位置"，并靠近主要使用房间，使热量得到充分的利用，以形成合理的热分区（图4.8）。

（3）围护结构构造设计。

① 外墙（图4.9）：考虑到卧牛河镇的施工条件及使用现状，外墙采用复合夹心墙体，内侧为240 mm砖墙，中间为100 mm挤塑板（两层错缝铺贴），外侧为120 mm砖墙保护层，内外墙之间采用钢筋网片作为拉结件。

② 屋顶（图4.10）：保持了传统民居瓦屋面的形式及木屋架的做法，在吊顶上部增设150 mm挤塑板保温层，板材交接处用聚氨酯发泡填充连接，以避免热桥。

图4.7 起居室与卧室相连

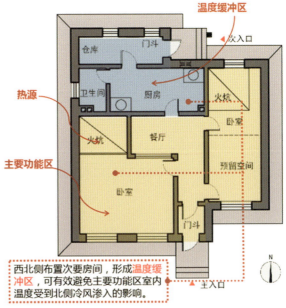

图4.8 新型民居平面功能分区

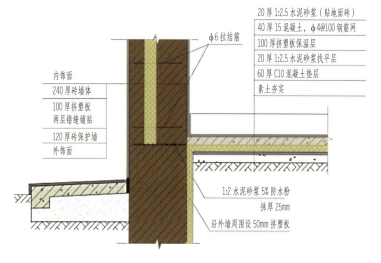

图 4.9　外墙及地面保温构造

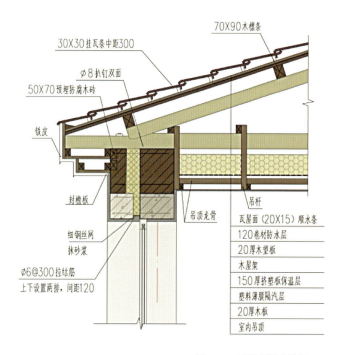

图 4.10　屋顶保温构造图

③门窗：采用双层双玻塑钢窗，南北入口为双层金属保温门，相比传统民居的双层木窗及木门，极大地增加了门窗的保温性能。

④地面（图 4.9）：地面一直是村镇民居保温中的薄弱环节，为改善地层的保温性能，增加铺设 100 mm 挤塑板保温层，并延至外墙内侧，以切断热桥。

4.1.3 建筑性能评估

（1）围护结构热工性能。

测试结果表明：示范工程围护结构的传热系数大大降低，由表 4.2 可知，传统民居外墙传热系数是新型民居的 4 倍左右，如果仅用黏土实心砖做外墙，其厚度要达到 1 509 mm 才接近复合墙体的保温性能。由此可见，采用苯板夹心保温构造，不仅保温性能好，而且轻薄，符合节能节地的要求。

表 4.2 新型民居与传统民居围护结构构造做法比较

位置	新型民居		传统民居	
	构造做法	传热系数 /（W·m^{-2}·K^{-1}）	构造做法	传热系数 /（W·m^{-2}·K^{-1}）
外墙	100 mm 厚挤塑板保温层 370 mm 砖墙	0.38	20 mm 水泥砂浆 370 mm 红砖	1.55
屋顶	150 mm 厚挤塑板保温层 木龙骨（吊顶）	0.35	100 mm 草木灰 木龙骨（棚板）	0.93
外窗	双层双玻塑钢	1.46	双层木窗	2.30
外门	双层金属保温门	—	双层木门	2.33
地面	100 mm 厚挤塑板保温层 混凝土垫层	—	20 mm 水泥砂浆 混凝土垫层	—

（2）室内热环境。

由图 4.11 可以看出，新型民居卧室温度明显优于传统民居，且室内温度波动较小。计算表明，新型民居室内加权平均温度为 14.34 ℃，其中常用房间的温度为 16 ~ 18 ℃。从新型民居的测试结果可以看出（图 4.12），建筑的保温性能良好，尽管冬季室外温度很低，但是室内温度仍然能够保持在舒适区间。调研访谈中，新型民居使用者普遍反映：室内环境较为稳定和舒适，而传统民居中仅卧室和客厅温度较高，去其他房间活动时由于温差较大产生很强的不舒适感。

此外，围护结构内表面温度是衡量室内热舒适的一个重要指标，当表面温度与室内温度差过大时，会出现冷辐射现象，降低室内舒适度，此外若围护结构内表面温度低于室内空气露点温度，会导致墙体出现结露或结霜现象。如图 4.13 所示，新型民居外墙内表面和屋顶内表面温度始终高于测试房间内的空气露点温度，冬季未出现外墙和屋顶内表面结露的现象。

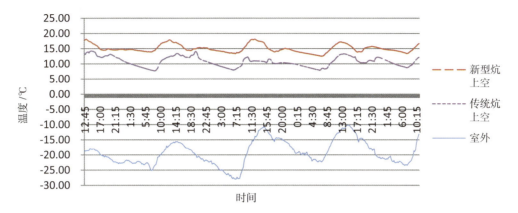

图 4.11　新型民居与传统民居卧室温度对比曲线

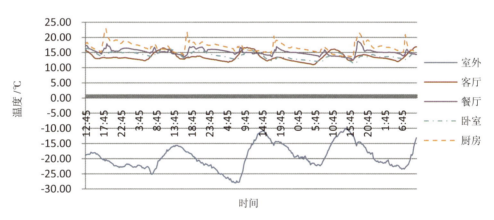

图 4.12　新型民居主要功能房间室内温度变化曲线

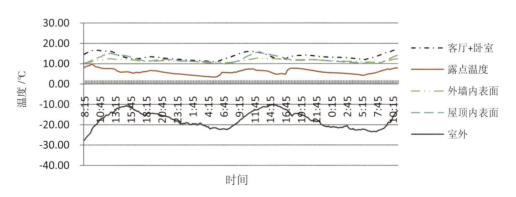

图 4.13　围护结构内表面温度变化曲线

（3）建筑节能率。

测试期间同时记录了两栋被测民居的燃料用量（表4.3），经过计算节能率达到64.1%，由于新型民居为建成后当年使用，墙体等围护结构存在未完全干燥的情况，因此节能率比理论计算值68.8%稍低一些。

表4.3　测试期间民居燃料用量记录

类型	面积/m²	燃料用量		
		煤/(kg·d⁻¹)	秸秆/(kg·d⁻¹)	标准煤/(kg·d⁻¹·m⁻²·℃)
新型民居	122.48	13.8	35.0	0.014
传统民居	86.14	28.7	0.0	0.039

（4）经济社会效益。

与传统民居相比，新型民居建造初投资的增加主要在于采用了高效保温材料和高性能门窗，结合建筑施工图及当地的建筑材料市场价格，计算表明，新型民居建造成本比传统民居增加12 352.6元。但由于采用了节能技术措施，建筑在运行过程中的能源消耗将会明显降低，从而节约部分能耗产生的费用，运行成本较传统民居每年可降低2 615元。采用动态经济分析法对新型民居初投资增额的动态回收期进行分析，结果表明，新型民居初投资增额6年内即可收回。调研中也发现，大部分村镇居民对于民居建设的投资观念也有所改变，多数希望在建设初期做好保温或对现有的民居进行节能改造。因此，从长远的角度来看，新型民居具有很大的经济效益和推广价值。

4.2　大庆市林甸县胜利村草板民居 [25]

4.2.1　项目概况

项目位于黑龙江省大庆市林甸县胜利村，为法国全球基金会的中法合作项目，建成于2003年底。示范工程为单层双拼式民居，建筑面积为121.7 m²，室内净高为3.0 m，建成工程实景如图4.14所示，建筑平面、立面、剖面如图4.15～图4.19所示。新型民居不仅提高了居住舒适度，减少了能源的使用，而且减少了CO_2排放及其对环境的负面影响，与传统民居相比节能率高达80.8%。同时，所选用的保温材料是农作物废弃物，具有就地取材、资源可再生、节省运输及加工费用低等优势。

(a)　　　　　　　　　　　　　　　(b)

图4.14　室内外实景图

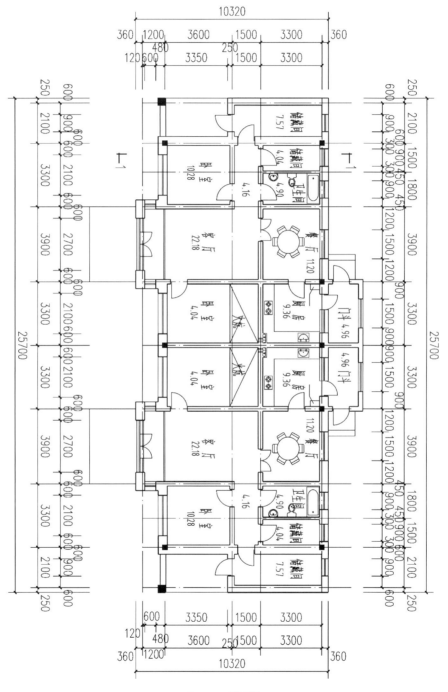

图 4.15 平面图

Energy-saving Design of New-type Dwellings for Villages and Towns in Severe Cold Regions

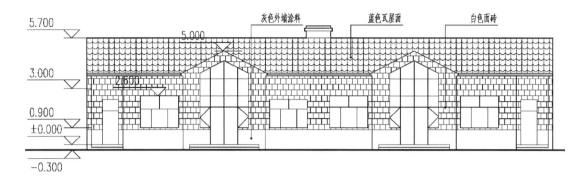

图 4.16 南立面图

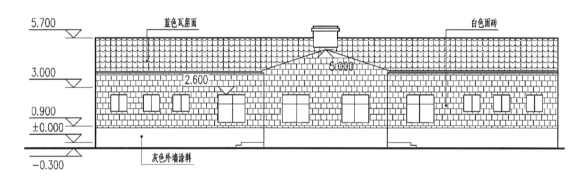

图 4.17 北立面图

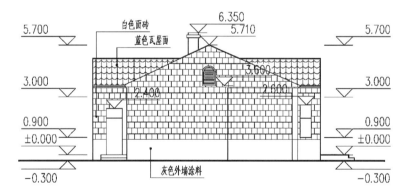

图 4.18 西立面图

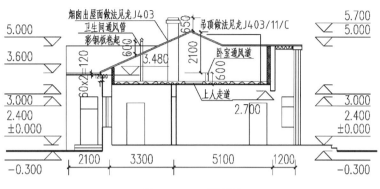

图4.19　1—1 剖面图

4.2.2　建筑节能设计

（1）建筑体形设计。

北方严寒地区村镇民居通常为以户为单位的单层独立式民居，以目前典型的户型（建筑面积为 60 ~ 120 m²）为例，其体形系数分布范围为 0.7 ~ 0.88 之间，超出城市多层民居一倍以上，过大的体形系数对于乡村民居的节能是极为不利的。因此，设计中加大民居进深并采用两户毗连布置方式，使体形系数降至 0.63。

（2）空间布局设计。

在满足功能的前提下，改变传统民居一明两暗的单进深布局，采取双进深平面布置，将厨房、储藏等辅助用房布置在北向，构成防寒空间，卧室、起居室等主要房间布置在阳光充足的南向。民居入口是建筑的主要开口之一，为了避免冷风直接吹入室内，又减少风压作用下形成空气流动而造成室内热量的损失。因此将入口朝向避开当地冬季的主导风向——西北向，并在入口处加设门斗（图4.15），这样不仅大大减弱了风力，同时门斗形成了具有很好保温功能的过渡空间。

考虑到当地技术条件与农民的经济状况，采用经济有效的被动式利用太阳能的方案，即增加南向卧室窗的尺寸，同时起居室外墙采用大玻璃窗构成阳光间。为减少夜间室内热量通过大玻璃窗的散失，在起居室加设一道玻璃隔断及保温窗帘，以有效地解决阳光间夜晚保温的问题。

（3）围护结构构造设计（图4.20）。

① 墙体：将传统的单一材料墙改为草板保温复合墙体。在严寒地区，以户为单位的独立采暖民居以采用内保温墙体构造为最佳方案，但由于农户经常在内墙面上钉挂一些饰物及农具等，为保证墙体的耐久性与适用性，墙体内侧采用 120 mm 红砖作为保护层。

② 屋顶：考虑到适用经济性、施工的可行性以及当地传统构造作法，采用坡屋顶，保温材料使用草板与稻壳复合保温层。

③ 地面：据测量，人脚接触地面后失去的热量约为其他部位失热量总和的 6 倍。因此，为改善舒适度，增强地面保温，在地层增加了苯板保温层。

④ 外窗：为改善传统木窗冷风渗透大的状况，南向窗采用密封较好的单框三玻塑钢窗，北向为单框双玻塑钢窗附加可拆卸的单框单玻木窗，只在冬季安装。同时，加设厚窗帘以减少夜间通过窗散热。

⑤合理切断热桥：复合墙体如果不加处理，将在墙体门窗过梁处及外墙与屋顶交界处、外墙与地面交界处存在热桥。采用聚苯板切断了可能存在的全部热桥。为保证结构的整体性与稳定性，在内外两层砌体之间每隔 0.5 m 处及两个窗过梁之间设 $\phi 6$ 拉结筋。

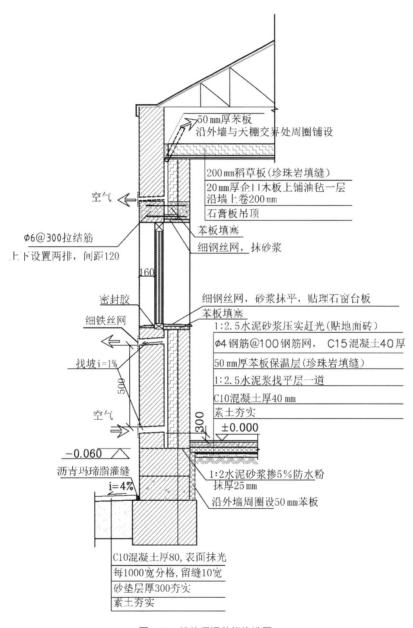

图 4.20 墙体保温节能构造图

4.2.3 建筑性能评估

（1）建筑节能率与室内热环境。

2004年2月15日—4月30日对示范工程的建筑热工性能进行了测试，为便于对比分析，选择了当地一栋典型的传统民居进行同步测试，以验证示范工程节能技术的有效性。建筑室内温度及能耗情况见表4.4，测试结果显示：

① 新型民居达到了很高的节能水平，与传统民居相比节能达80.8%，如果稻草资源充足，供暖能源可达到自给自足；

② 与传统民居相比，示范民居的平均温度保持较低水平，主要因为：a. 示范工程竣工已接近年底，农户并未全部搬入其中居住，只使用了主卧室，因此平均室温不高；b. 围护结构具有较好的绝热性能，减少了冷辐射对居民的影响，使农民对火炕的热辐射更加敏感，从而降低了对室温的要求。

表4.4 建筑能耗及室内热环境分析

	建筑面积/ m^2	平均温度/ ℃	使用能源		总能耗/ (kW·h)	单位能耗/ (W·h)/($℃^{-1}$·d^{-1}·m^{-2})	单位度日数能耗费用/ (元·$℃^{-1}$·d^{-1})
			稻草/kg	煤/kg			
新型民居	124	8.5	156.2	10.5	604.3	15	0.0097
传统民居	79	15.1	489	266	3 174.5	78	0.155

（2）经济社会效益。

建筑材料就地取材，减少了民居的建造投资成本，而且节能率高达80.8%，极大地降低了建筑运行能耗，具有可观的经济效益；技术上简单易行，施工方法易被当地农民接受，符合严寒地区农村建房施工水平相对落后的实际情况。

示范工程突破了传统民居的束缚，符合现代农民的生活特点与要求，尤其是阳光间的设置深受农民欢迎；门斗的设置避免了困扰寒地乡村农民已久的"摔门"现象，减少了冷风渗透。总之，被当地农民概括为"温暖、明亮、舒适"的新型民居从使用上、生理上以及视觉上都较传统民居有明显改善，尤其是冬季室内热环境得到了很大的改善，同时减少了能源使用、CO_2排放及其对环境的负面影响。此外，由于所选用的保温材料是农作物废弃物，既减少了加工运输保温材料所带来的能耗和污染，也减少了每年春季烧稻草所带来的大气污染。

4.3 哈尔滨市通河县浓河镇富强村新型节能民居[22]

4.3.1 项目概况

项目位于哈尔滨市通河县浓河镇富强村，是通河县政府为解决农村低收入贫困户和无房户住房问题而建设的，建成于2007年。示范工程为单层双拼式民居，建筑面积为42.0 m^2，室内净高为2.8 m，建成工程实景如图4.21所示，建筑平面、立面如图4.22～图4.25所示。新型民居采用可再生的稻草作为围护结构的主要材料，具有低能耗、低技术、低成本的特点，建筑节能率达67.38%，而且造价低廉、可操作性强，具有明显的地域适应性。

4.3.2 建筑节能设计

（1）建筑体形设计。

为减小体形系数，新型民居的布置改变当地的传统模式，采取双拼式组合，同时民居平面采用简单的矩形平面，避免出现过多的凸凹变化，并适度加大民居的进深。

Energy-saving Design of New-type Dwellings for Villages and Towns in Severe Cold Regions

图 4.21　室外实景图

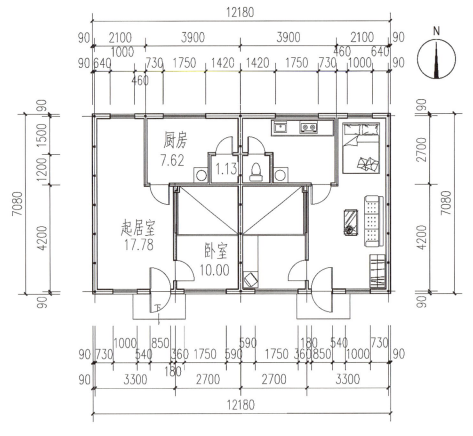

图 4.22　平面图

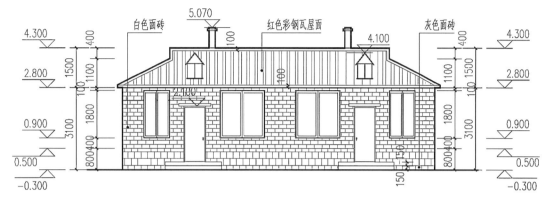

图 4.23 南立面图

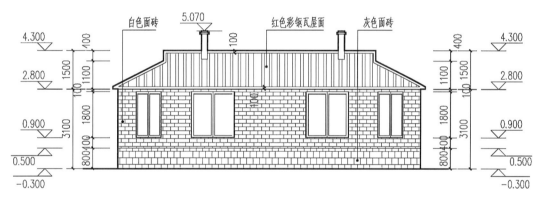

图 4.24 北立面图

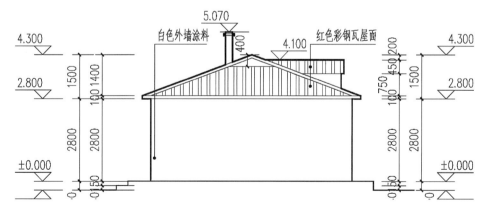

图 4.25 西立面图

（2）空间布局设计。

平面布局采用双进深布置形式，主要活动空间如卧室、客厅布置在南向，争取最大限度地利用太阳能直接得热。厨房和卫生间布置在北向，抵御热量的散失并成为南向卧室的防寒空间。

（3）围护结构构造设计。

该地区农村盛产水稻，拥有丰富的稻草资源。稻草是农作物的副产品，是一种理想的可再生的环境友好型材料，采用稻草作为建筑材料可以变废为宝，消耗大量农业垃圾。经测试，稻草板传热系数低、保温性能好，而且稻草具有价格低廉、资源可再生的优势，如果处理得当，是一种极具发展前景的绿色建材。

① 墙体：示范工程采用轻钢龙骨作为结构支撑体系，墙体采用纸面草板复合墙。纸面草板是采用废弃的稻秆或麦秆经过机械清除、整理、冲压、高温、挤压而成的人造板材，草板厚度为 60 mm，宽度为 1 200 mm，可拼装成单层或双层式，它的质量仅为黏土砖的 $\frac{1}{6} \sim \frac{1}{8}$，可大大减轻结构荷载。墙体构造为内外挂纸面草板，内外草板间敷设岩棉，以 100 mm 长钻尾螺栓固定在轻钢龙骨上，两板间缝隙刮 107 配石膏粉泥子，墙体构造如图 4.26 所示。草板复合墙具有墙体薄、扩大建筑面积、施工进度快、干作业安装等优点，改善了施工环境，同时减少了混凝土及砂浆用量，使墙体总造价降低 5% ~ 10%。

② 屋顶：屋顶采用坡屋面，适应当地冬季降雪量大的气候特征。顶棚为木屋架，外敷彩钢板；保温层采用 120 mm 厚膨胀珍珠岩，屋顶四角填充草木灰保温；室内吊顶分两部分，南向主要卧室吊石膏板顶，其余房间吊塑料扣板顶。屋顶构造如图 4.27 所示。

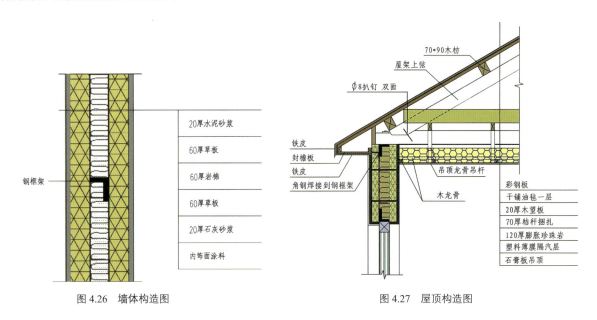

图 4.26　墙体构造图　　　　　　　图 4.27　屋顶构造图

③ 门窗：外门为保温木门包铁皮，外窗为单框双玻塑钢窗。塑钢窗安装时，采用 100 mm 长尾螺栓连接草板边框龙骨与塑钢窗，窗口其他作法与内外装饰同，塑钢窗与内外墙连接处用密封胶做弹性连接。

4.3.3 建筑性能评估

（1）围护结构热工性能。

2009年2月5日—3月30日对该示范民居进行了热工测试，作为对比，同时选取一处20世纪80年代建造的规模与示范民居相近的490 mm厚实心黏土砖墙的传统民居进行同步测试，以进行比较分析。测试结果显示，草板复合墙体传热系数低，具有很好的节能保温性能。由表4.5可知，传统民居墙体传热系数是新型民居墙体的3.38倍，即如果使用黏土实心砖作为外墙，其厚度要达到2 190 mm才接近草板复合墙体的保温性能。由此可见，新型草板复合墙体不但保温性能好，而且轻薄，节省了占地面积，符合节能节地的要求。

表4.5 经济节能房草板墙体热阻和传热系数

类型	测点号	测点位置	测试数据	
			热阻 $R/(m^{-2}\cdot \text{℃}^{-1}\cdot W)$	传热系数 $\lambda/(W\cdot m^{-2}\cdot K^{-1})$
新型民居	测点1	西外墙几何中心	2.454	0.384
	测点2	西外墙北部下	2.667	0.355
	平均值		2.5605	0.3695
传统民居			0.801	1.248

此外，农村民居的采暖方式是间歇供热，每天靠做饭的余热采暖。因此本次测试进行了降温升温试验，以检测被测墙体的蓄热性能。从图4.28可以看出，经济节能房从2月25日凌晨4时开始停止供暖至2月26日上午6时室内温度达到最低，所耗时间为26 h；从2月26日上午11时开始供暖至2月26日晚17时温度回归到正常状态，所耗时间为6 h。从测试结果看，被测建筑的蓄热性能和保温性能良好，能够保持民居室内的热稳定性，而且当恢复供热时，可以在短时间内迅速提高室内温度。这种优良的性能恰好适合农村民居间歇式供暖的条件。

（2）室内热环境。

新型民居与传统民居的卧室温度变化曲线如图4.29所示，对比可知，在0时至7时之间新型民居的温度始终高于传统民居，温差幅度在5 ℃左右；在上午6时供暖一次，两者温度都得到提升；在上午7时至15时之间两者温度接近，此后均开始回落，传统民居的回落幅度比较大（从最高温度的18 ℃跌回10 ℃），新型民居的跌落幅度较小（由18 ℃跌至15 ℃）。测试期间同时记录了两栋民居的燃料用量（表4.6）。综上表明，新型民居在燃料消耗少的情况下仍然能够获得优越于传统民居的室内温度，达到了以最小的能源代价换取最大的室内舒适度的目的。

表4.6 被测建筑燃料用量记录（2009年3月1日）

类别	稻壳/kg	稻草/kg
新型民居（草板民居）	6	2
传统民居（砖房）	18	0

（3）经济社会效益。

新型民居冬季主要靠薪柴采暖，自给自足，不需要附加过多费用。采用的草板，其制作工艺简单，生产过程不

产生 CO_2 和污染环境的产物,而且解决了大量农作物废弃物的处理问题,收到了良好的社会效益和环境效益,在周边农村产生了强烈的反响。

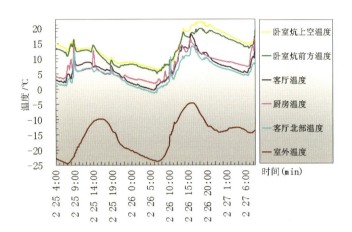

图 4.28 新型民居降温升温温度变化曲线

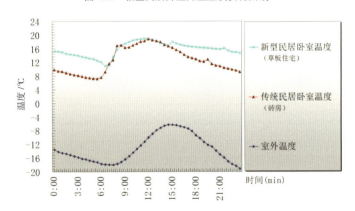

图 4.29 新型民居与传统民居卧室温度变化曲线(2009 年 3 月 1 日)

第 5 章 新型节能民居设计方案

针对严寒地区的气候特点、资源构成、经济条件、传统的生产生活方式等基本情况，综合考虑民居功能组织、流线设计、立面设计及被动式技术应用等，为村民提供舒适、节能并具有乡村特色的新型节能民居设计方案，以推动严寒地区乡村民居建设，改善村民居住环境。

5.1 经济适用型

经济适用型民居设计方案，主要针对中低收入的家庭，建筑面积 70 ~ 120 m^2，均为单层独立式民居，户型设计以两室一厅和两室两厅为主，适合两代三口之家居住。民居功能设计和空间尺度满足使用者的基本生活需求，相对传统民居的专用性和私密性均有所提升。

5.1.1 案例一

该设计方案为两室一厅，建筑面积为 79.83 m^2，使用面积为 58.41 m^2。民居功能齐全，分区明确，采用过厅 / 过廊，打破厨房作为联系空间的传统式布局方式，房间之间互不穿套，减少了交通的干扰，私密性较强；主卧室采用传统的火炕，且面积较大，兼作家庭的起居活动空间；餐厅位于建筑南侧，采用大面积玻璃窗形成阳光间，既可以获得充足的日照，又可为就餐提供良好的视觉环境，同时，该空间的使用也具有一定的灵活性，在非就餐时可作为小型客厅；食品储藏和工具储藏空间分开设置，符合农村的传统生活习惯，食品储藏空间与厨房相连，便于日常使用，并布置于建筑北侧，可利用严寒地区冬季寒冷漫长的气候特点储存食品，节约常规能源的使用。

采用简欧式设计风格，主立面设计打破了传统的对称式设计，并对入口空间进行重点设计，做到主次分明；建筑外观采用暖色系设计，选用红色瓦屋面和米色墙体，提升室外环境的舒适感；兼顾经济性和多样化的需求，立面采用简洁的线脚进行细部设计。建筑效果图、平面图、立面图如图 5.1 ~ 图 5.3 所示。

5.1.2 案例二

该设计方案为两室两厅，建筑面积为 109.4 m^2，使用面积为 78.12 m^2。民居平面布局以起居室作为整个建筑的核心空间，同时满足各功能空间的交通联系；两个卧室均采用火炕采暖的方式，适合于中年人和老年人居住，但考虑到居民的不同生活习惯，也可进行自由选择，将西侧卧室改作土暖气取暖的方式，具有较强的灵活性；主次入口采用错开式的布置形式，减少了穿堂风对室内热环境产生的影响；主入口处设置了室外平台，增强了室内外空间的衔接性，丰富了空间层次，可用作日常休息或晾晒之用。

采用"田园式"的设计风格，造型简洁、小巧清新、体量均衡，空间丰富，具有独特的乡土气息；室外平台木质地面和屋檐木格栅装饰构件的使用，将休闲风格和建筑的自然魅力结合在一起；立面装饰简洁，衬托出屋顶和地面的多样化设计，体现出整体性较强和层次明确的特点。建筑效果图、平面图、立面图如图5.4～图5.6所示。

5.1.3 案例三

该设计方案为两室一厅，建筑面积为75.42 m²，使用面积为54.02 m²。民居平面功能布局紧凑，通过走廊组织房间，交通流线清晰、无穿插，各功能空间独立性较强；结合农民的生活起居特点，将南向火炕采暖卧室的进深设计为5.1 m，使其兼作起居空间之用，以容纳更多的日常活动，同时更充分地利用日照；洗手间与厨房的窗户设置在东西侧，避免了北向开窗，并减小了开窗面积，以降低冬季冷风对建筑产生的不利影响，提高围护结构的保温性能。

采用对称式的设计方式，建筑造型简洁、规整，可有效地降低建筑物的体形系数；在主入口处设置雨篷，形成一个室内外的过渡空间，在满足使用功能的同时也使立面重点突出，给人以主次分明的层次感。建筑效果图、平面图、立面图如图5.7～图5.9所示。

5.1.4 案例四

该设计方案为两室两厅，建筑面积为102.51 m²，使用面积为76.57 m²。民居平面布局根据不同功能空间的温度需求进行分区，客厅、卧室等主要空间均设置在南向，以获得良好的采光效果；厨房、洗手间、储藏室等辅助空间布置在北侧，且厨房西侧开窗、洗手间东侧开窗，均减小了北侧窗口面积；建筑设置南北两个出入口，符合农民的传统生活习惯，北向入口的门斗直接与储藏室相连，便于日常使用，南侧入口外侧附加阳光间，以获取与储存大量的太阳辐射热，有利于提升室内热环境质量。

采用对称式的设计方式，体型规整，有利于减小散热面积；注重与周围自然环境的结合，勒脚部分采用蘑菇石，体现了自然材料的本色；较深的屋面挑檐、规则的挑砖线脚和阳光间大面积的玻璃窗，形成了光与影、凹与凸、虚

图5.1 案例一效果图

与实的对比，创造出丰富的立面效果。建筑效果图、平面图、立面图如图 5.10 ~ 图 5.12 所示。

5.1.5　案例五

该设计方案为两室一厅，建筑面积为 91.69 m^2，使用面积为 78.25 m^2。民居继承了传统农村民居利用堂屋组织功能空间的设计模式，厅堂宽敞明亮，在就餐之余可用作会客或从事家庭副业活动的场所，解决了小户型中空间局促带来的不便，提升了空间的利用率；入口过厅和餐厅组成的公共空间采用南北通透式的设计手法，为此空间提供了良好的采光和通风条件；考虑到农民的生产生活习惯，平面布局中保留了较大的仓房，并与主体建筑融为一体，节省了建筑材料，而且减少了建筑中采暖空间的外墙面积，有利于降低建筑能耗。

建筑整体采用白墙红瓦，形成强烈的对比，显得格外醒目，横向线条的采用，使建筑更显舒展流畅；入口处的出挑雨篷和砖柱以及平台的白色栅栏围合而成的虚空间，增强了与周围环境的融合，营造出活跃的空间感受。建筑效果图、平面图、立面图如图 5.13 ~ 图 5.15 所示。

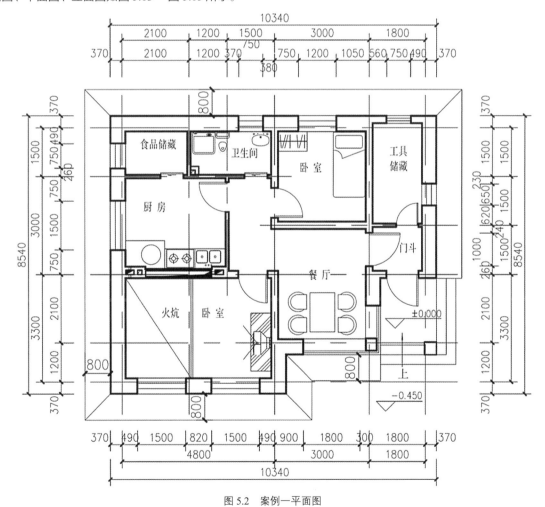

图 5.2　案例一平面图

Energy-saving Design of New-type Dwellings for Villages and Towns in Severe Cold Regions

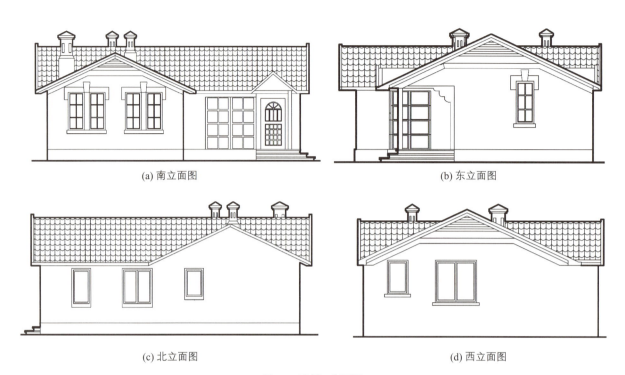

(a) 南立面图

(b) 东立面图

(c) 北立面图

(d) 西立面图

图 5.3 案例一立面图

图 5.4 案例二效果图

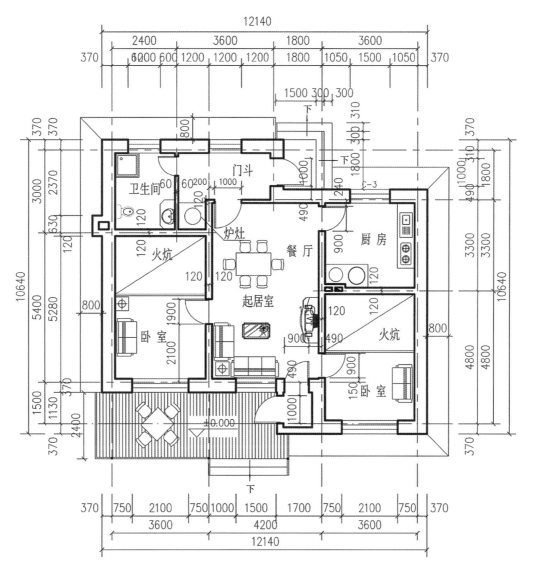

图 5.5 案例二平面图

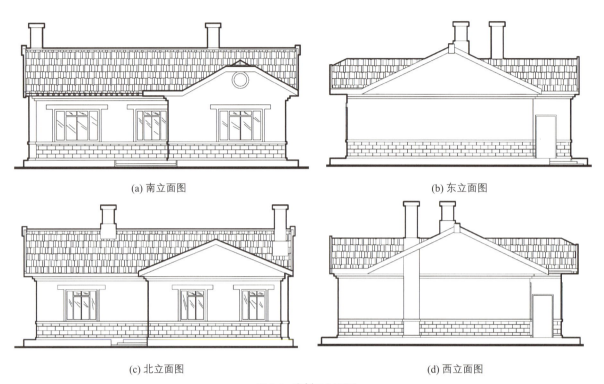

(a) 南立面图　　(b) 东立面图

(c) 北立面图　　(d) 西立面图

图 5.6　案例二立面图

图 5.7　案例三效果图

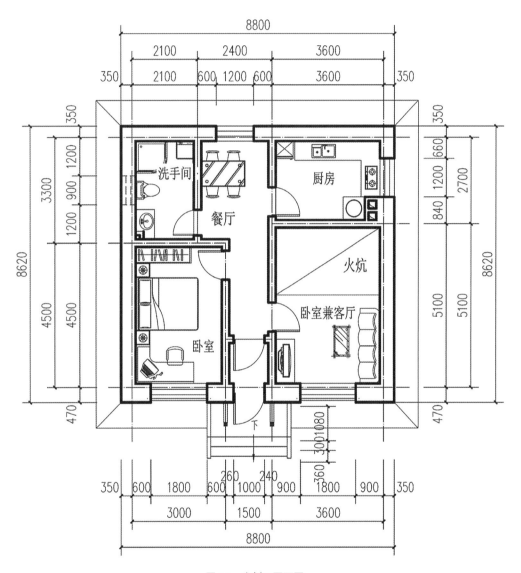

图 5.8 案例三平面图

Energy-saving Design of New-type Dwellings for Villages and Towns in Severe Cold Regions

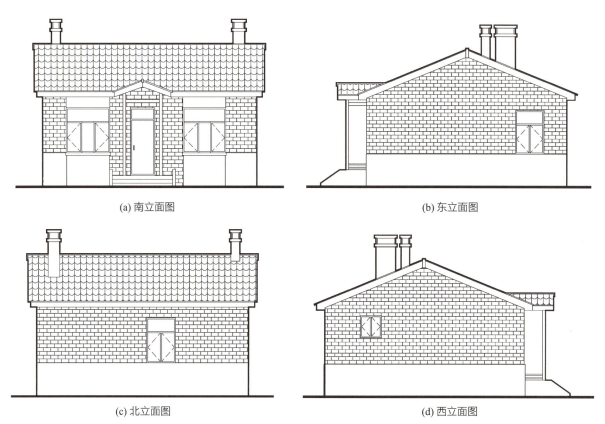

图 5.9 案例三立面图

图 5.10 案例四效果图

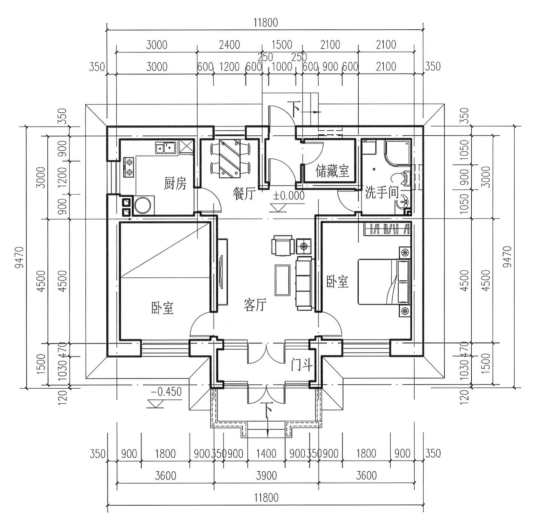

图 5.11 案例四平面图

Energy-saving Design of New-type Dwellings for Villages and Towns in Severe Cold Regions

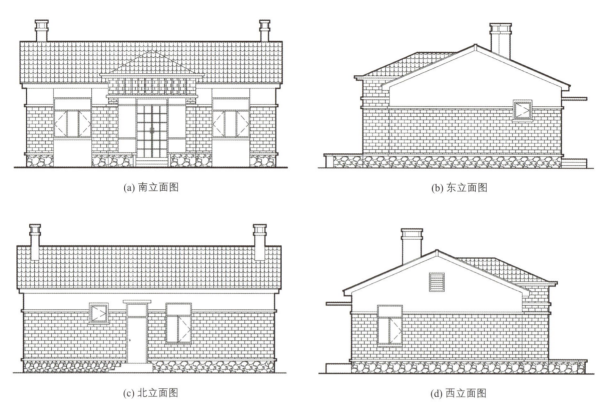

图 5.12 案例四立面图

图 5.13 案例五效果图

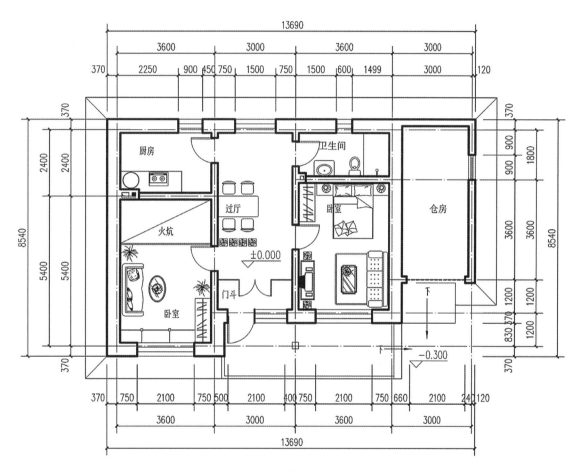

图 5.14 案例五平面图

Energy-saving Design of New-type Dwellings for Villages and Towns in Severe Cold Regions

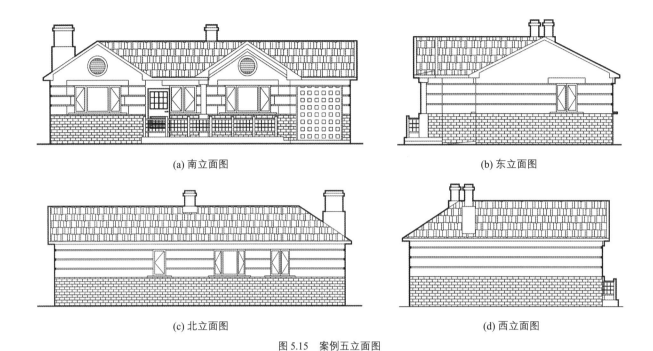

(a) 南立面图   (b) 东立面图

(c) 北立面图   (d) 西立面图

图 5.15 案例五立面图

5.2 康居舒适型

康居舒适型民居设计主要针对中高等收入群体，建筑面积 120~200 m²，均为二层独立式，户型以两室两厅和三室两厅为主，适合两代三口之家或三代五口之家居住。民居更注重居住条件和环境质量的提高，功能组成更加完善，能够承载更多的生活行为，各个功能空间在使用中具有很强的独立性，房间更加宽敞、舒适，空间处理也更加灵活。

5.2.1 案例六

该设计方案为四室两厅，建筑面积为 156.84 m²，使用面积为 111.45 m²；一层建筑面积为 79.16 m²，使用面积为 55.82 m²；二层建筑面积为 77.68 m²，使用面积为 55.63 m²。

民居采用近似正方形的平面形状，布局紧凑，适合于北方严寒地区，有利于建筑节能；一层利用过厅组织空间，保证了使用空间的相对独立性，避免了相互交叉，北侧布置厨房、储藏室、卫生间、楼梯间等辅助空间，作为主要功能房间的温度缓冲区，并且两者之间具有良好的分隔，避免了视线、声音、气味和劳作的相互干扰。二层设置电视厅，专门为家庭成员活动提供相对私密的场所，大大提高了使用方便性和舒适性；将楼梯间平台下方设为储藏间，节约利用空间。

建筑立面设计朴素大方、贴近自然，一层为青灰色文化石，二层墙面和窗口装饰为白色仿木搭接纹理，窗台出挑式设计，增强了建筑的立体感和光影关系；二层布置了横向景观平台，在丰富村民日常活动的同时，也增加了建筑的层次性。建筑效果图、平面图、立面图如图 5.16~图 5.18 所示。

5.2.2 案例七

该设计方案为四室两厅，建筑面积为 183.11 m^2，使用面积为 140.49 m^2；一层建筑面积为 121.03 m^2，使用面积为 96.53 m^2；二层建筑面积为 62.08 m^2，使用面积为 43.96 m^2。

民居平面布置紧凑，功能分区合理，一层主要为公共活动空间和适宜于老年人的火炕采暖卧室；楼梯间平台下方空间设置门斗，节约利用了空间；在客厅外侧增加阳光间，以充分利用太阳能来提升室内的热环境质量。二层为卧室区和学习区，利用楼梯间组织各功能房间，以减少交通面积的浪费；卧室、起居室等主要房间均为南向，并且增加房间的窗尺寸，以获取更多的日照，符合农民的传统生活习惯。同时，楼梯间出口直通室外平台，避免了对居室的干扰及雨雪天气带来的不便。

建筑立面设计简洁朴素，采用白墙灰瓦，体现出对环境的尊重与融合。为了满足村民物质和精神生活的双重要求，在二层设置室外休息平台，为村民的日常休闲娱乐和生产活动提供了空间，辅以错落式的坡屋顶设计，增加了建筑的层次感。建筑效果图、平面图、立面图如图 5.19 ~ 图 5.21 所示。

图 5.16　案例六效果图

Energy-saving Design of New-type Dwellings for Villages and Towns in Severe Cold Regions

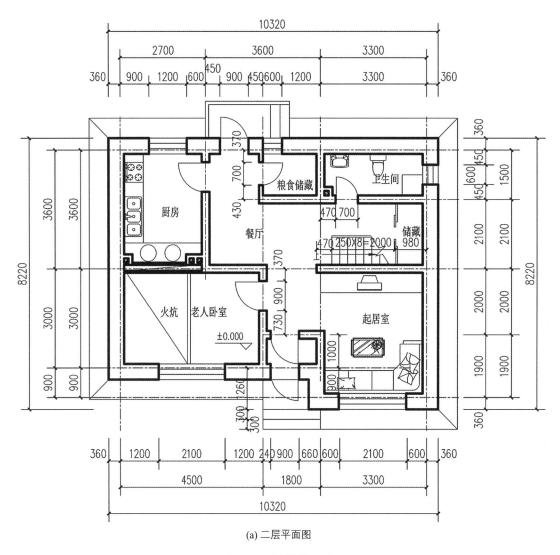

(a) 二层平面图

图 5.17 案例六平面图

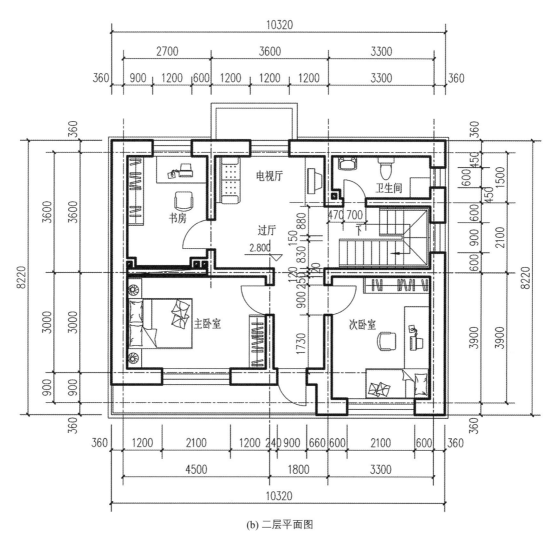

(b) 二层平面图

图 5.17 案例六平面图（续）

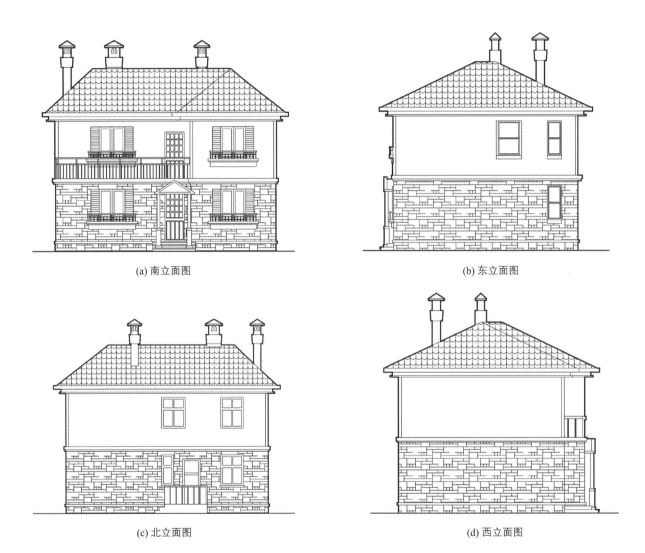

(a) 南立面图 (b) 东立面图

(c) 北立面图 (d) 西立面图

图 5.18　案例六立面图

图 5.19　案例七效果图

Energy-saving Design of New-type Dwellings for Villages and Towns in Severe Cold Regions

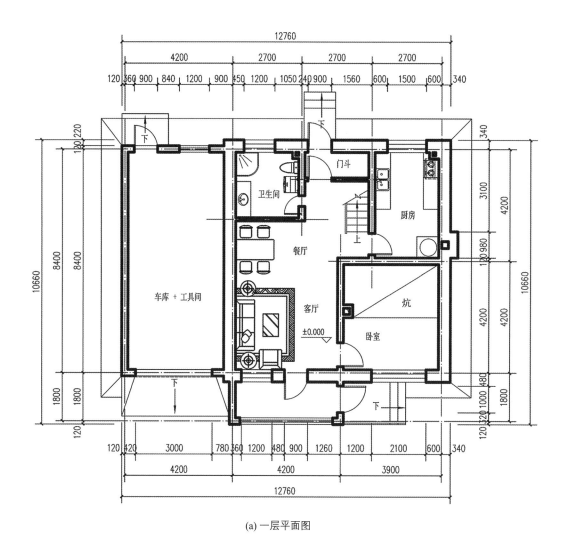

(a) 一层平面图

图 5.20 案例七平面图

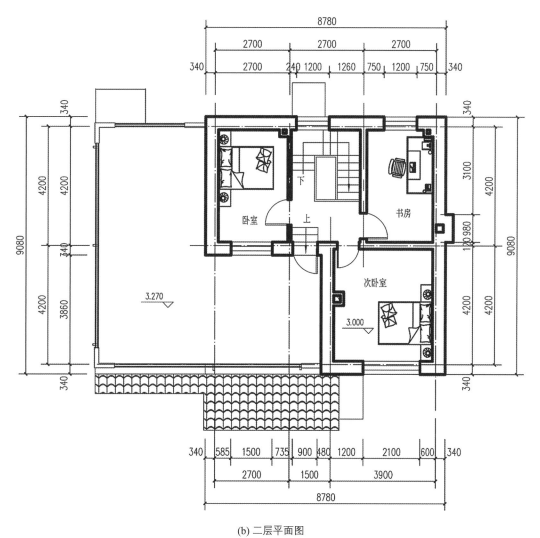

(b) 二层平面图

图 5.20 案例七平面图（续）

Energy-saving Design of New-type Dwellings for Villages and Towns in Severe Cold Regions

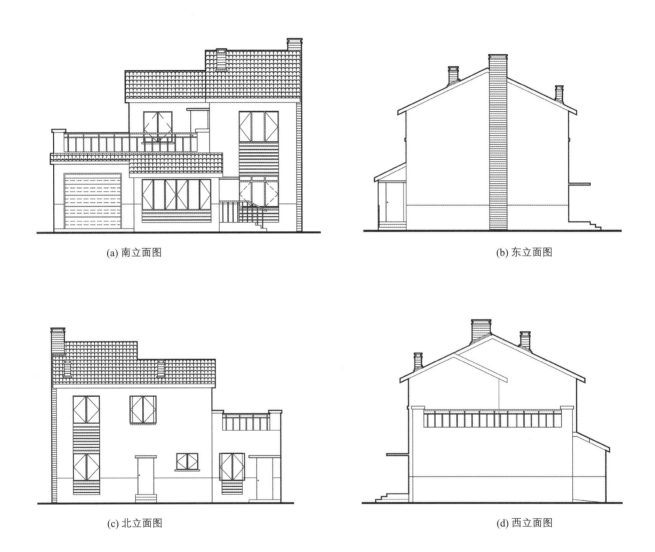

(a) 南立面图

(b) 东立面图

(c) 北立面图

(d) 西立面图

图 5.21 案例七立面图

5.2.3 案例八

该设计方案为五室一厅，建筑面积为 156.84 m²，使用面积为 111.45 m²；一层建筑面积为 79.16 m²，使用面积为 55.82 m²；二层建筑面积为 77.68 m²，使用面积为 55.63 m²。

民居采用联排式布局以及大进深设计，减少了建筑的散热面，可有效降低建筑采暖能耗。平面布局以楼梯为中心组织各功能房间，使之平面紧凑，使用方便。

一层厨房、卧室的组合为火炕采暖提供了方便，且厨房有直接对外的出口，便于燃料的储存与使用，不影响室内的环境卫生；起居室与餐厅合并在一个较大空间中，可在非就餐时，扩大起居室的可使用面积，提高空间的利用率，为人口较多的家庭提供了充足的活动空间；利用楼梯间下方空间设置储藏室，节约利用了空间。二层设有大小不同的卧室，可根据不同需求进行分配使用，为日常生活提供便利的条件。

建筑立面采用红色墙体、灰色屋顶，彰显出建筑的厚重感；白色檐口、栏杆、柱子作为立面装饰，纵横交错，丰富了建筑立面的细部设计，又给人以明快的线条感；整体色彩、材料、造型设计具有乡土气息和地方特色，体现了乡村建筑的特点。建筑效果图、平面图、立面图如图 5.22～图 5.24 所示。

图 5.22　案例八效果图

Energy-saving Design of New-type Dwellings for Villages and Towns in Severe Cold Regions

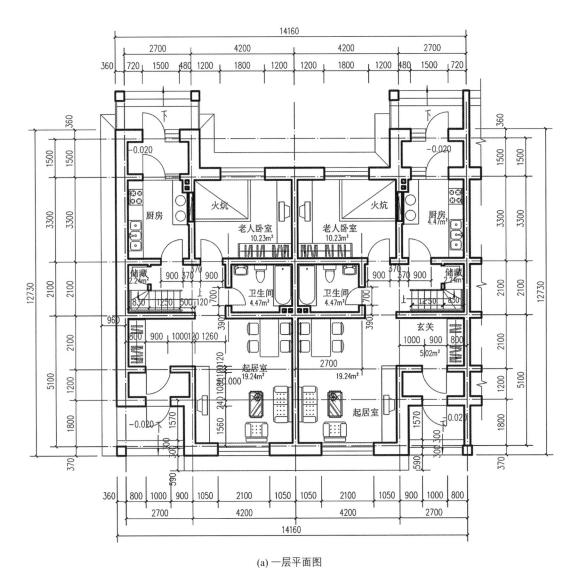

(a) 一层平面图

图 5.23 案例八平面图

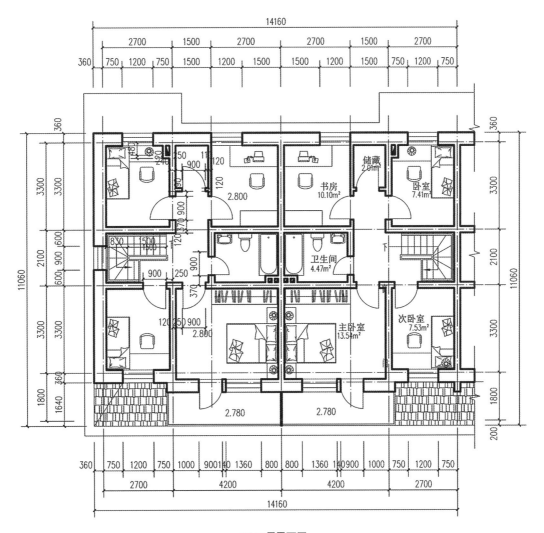

(b) 二层平面图

图 5.23 案例八平面图（续）

Energy-saving Design of New-type Dwellings for Villages and Towns in Severe Cold Regions

(a) 南立面图　　　　　　　　(b) 东立面图

(a) 北立面图　　　　　　　　(b) 西立面图

图 5.24　案例八立面图

参考文献

[1] 张泉，王晖，梅耀林，等．村庄规划 [M]．北京：中国建筑工业出版社，2009．

[2] 中华人民共和国住房和城乡建设部．民用建筑热工设计规范：GB 50176—93[S]．北京：中国计划出版社，1993．

[3] 陈波．城市风灾与防风林建设 [J]．中国城市林业，2008(5):16-18．

[4] 刘金梅，王清文．探索苏北新农村建设中的生态节能型民居设计方法 [J]．江苏建筑，2009(3):60-62．

[5] 辞海编纂委员会．辞海 [M]．上海：上海辞书出版社，2002．

[6] 黑龙江省住房和城乡建设厅．黑龙江省农村居住建筑节能设计标准：DB 23/T 1537—2013[S]．哈尔滨：[出版者不详]，2013．

[7] 中华人民共和国住房和城乡建设部．严寒和寒冷地区居住建筑节能设计标准：JGJ 26—2010[S]．北京：中国建筑工业出版社，2010．

[8] JIN HONG，CHEN KAI，SHAO TENG. Research on the limit value of shape coefficient of rural settlement in severe cold regions[J]. Journal of Harbin Institute of Technology，2014，21(4):43-46.

[9] 金虹．严寒地区城市低密度民居节能设计研究 [D]．哈尔滨：哈尔滨工业大学，2004．

[10] 中华人民共和国住房和城乡建设部．民居设计规范：GB 50096—2011[S]．北京：中国建筑工业出版社，2011．

[11] 金虹，王秀萍，赵华．寒区村镇朝鲜族民居可持续设计策略 [J]．低温建筑技术，2001(1):21-22．

[12] 金虹，康健，凌薇，等．既有村镇民居功能改善技术指南 [M]．北京：中国建筑工业出版社，2012．

[13] 刘加平．建筑物理 [M]．4版．北京：中国建筑工业出版社，2010．

[14] 涂逢祥．节能窗技术 [M]．北京：中国建筑工业出版社，2003:98-100．

[15] 中华人民共和国住房和城乡建设部．农村居住建筑节能设计标准：GB/T 50824—2013[S]．北京：中国建筑工业出版社，2013．

[16] 罗运俊，何梓年，王长贵．太阳能利用技术 [M]．北京：中国建筑工业出版社，2005．

[17] 郑瑞澄，路宾，董伟，等．被动式太阳能采暖建筑的优化设计技术 [J]．建筑科学，1997(1):10．

[18] 周春艳．太阳能技术在东北地区农村民居中的应用策略研究 [D]．哈尔滨：哈尔滨工业大学，2006．

[19] 赵华，金虹．北方寒冷地区乡村民居本土生态技术研究 [J]．哈尔滨工业大学学报，2007，39(2):235-237，291．

[20] 中华人民共和国住房和城乡建设部．外墙外保温工程技术规程：JGJ 144—2008[S]．北京：中国建筑工业出版社，2008．

[21] 金虹，赵华．关于寒地村镇节能民居设计的思考 [J]．哈尔滨建筑大学学报，2001(3):96-100．

[22] 金虹，凌薇. 低能耗 低技术 低成本：寒地村镇节能民居设计研究 [J]. 建筑学报，2010(8):14-16.

[23] 辽宁省住房和城乡建设厅. 外保温复合夹心墙体施工及验收规程：DB 21/T 1223—2002[S]. 沈阳：[出版者不详]，2002.

[24] 金虹，陈凯，邵腾，等. 应对极寒气候的低能耗高舒适村镇民居设计研究：以扎兰屯卧牛河镇移民新村设计为例 [J]. 建筑学报，2015(2):74-77.

[25] 金虹，ENARD A，CELAIRE R. 北方乡村生态屋设计实践 [J]. 建筑学报，2005(9):24-26.

[26] 黑龙江省住房和城乡建设厅，法国环境与能源控制署. 黑龙江省农村节能住宅建设技术指南 [M]. 哈尔滨：[出版者不详]，2008.